그 눈물이 찬양이 되기까지

그 눈물이 찬양이 되기까지

김라니 선교 에세이

미문커뮤니케이션

목차

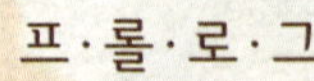

그 눈물이 찬양이 되기까지

김라니

선교의 길에서 만난 하나님!
아픈 만큼 눈물을 흘렸고, 흘린 만큼 찬양했습니다.

열방을 품은 가슴으로 부른 사랑의 노래!
현지인들과 얼싸안고 눈물로 고백한 찬양!

이 글은 지난 수년간 40여 개국을 발로 밟으며
순종으로 걸어온 선교 여정의 기록입니다.

어둠 속에서도 꺼지지 않는 찬양의 불씨!
이름 없는 마을에서 울려 퍼진 복음의 멜로디!
그리고 선교지에서 받은 하나님의 위로와
성령의 감동을 적었습니다.

한창 선교를 다닐 때는, 어느 나라든지
아침에 해가 뜨면 일어나고 해가 지면 잠을 잘 수 있게
하나님이 체질을 만들어 주셨습니다.

그 덕에 오늘은 아프리카로, 내일은 아메리카로
종횡무진하며 다녔습니다.

그 와중에 짬짬이 논문을 쓰며 선교학 박사학위를 받았습니다.
모든 것이 하나님의 은혜요 하나님이 하신 일입니다.

하나님의 부르심에 따라 열방을 향하여
비전의 길을 걸었습니다. 사도행전 29장을 쓰는 심정으로
나는 여전히 걷고 있습니다.

단순한 선교 기록을 넘어 하나님이 어떻게 저의 마음에
비전을 주시고, 열방을 향해 이끄셨는지 고백합니다.

이제, 이 고백이 당신의 비전이 되기를 소망합니다.

가슴과 발로 쓴 선교 수기

나는 김라니 선교사를 모르고 지났습니다. 김라니 선교사가 쓴, 자신이 살아온 삶과 선교의 수기를 눈물로 읽었습니다. 그래서 보다 많은 분들이 이 책을 읽게 되었으면 하는 바람이 깊어져 추천할 마음이 일어 났습니다.

김라니 선교사의 선교에세이 〈그 눈물이 찬양이 되기까지〉는 손으로 쓴 글이 아닙니다. 가슴으로 쓴 글입니다. 머리로 쓴 글이 아닙니다. 발로 쓴 글입니다.

미국 시카고에서 행복하게 살았던 김라니에게 갑작스런 남편의 죽음은 하늘이 무너지는 사건이었습니다. 그 때를 다음 같이 쓰고 있습니다.

남편이 회사에서 .... 사고로 죽자 ....가정은 하루아침에
풍지박살이 났다. .... 내 행복도 꿈도 사라졌다.
어느 날, 꿈 속에서 남편이 나타났다.... 나는 너무 반가

워서 "어 당신 어떻게 왔어? 하고 물었더니 .... 하나님
이 천당에서 휴가 보내서 왔지"라고 하였다. 나는 그때
부터 그가 천당에 있다는 것을 확신하게 됐고 .... 천국
에서 천사들과 함께 천국생활의 행복을 누리는 모습을
볼 수 있게 되었다. 나는 우선 성경책을 꺼내서 말씀을
읽기 시작했다.

나는 성경을 읽는 동안 내 몸이 뜨겁게 타오르는 불덩
이 같았고 말씀을 하나하나 음미할 때마다 꿀송이 보
다 더 달다는 말이 실감났다.

그렇게 은혜 받은 후 신학교로 가고, 신학교를 마친 후 선교
사의 뜨거운 사명을 받고 오대양 육대주를 다니며 선교한 이야
기가 이 책의 내용입니다. 선교하면서 김라니 선교사님이 받은
감격과 은혜의 간증은 경험해 본 사람만이 쓸 수있습니다.
이 책은 한번 손에 들면 마지막까지 놓지 않고 읽게 되는 책
입니다. 많은 분이 이 글을 읽게 되기를 바라며 글을 줄입니다.

2025년 10월 10일
동두천 두레수도원에서 김진홍 목사

등대의 빛과 같이 믿음의 본이 되는 삶

보이는 것을 따라 사는 인생은, 마치 목적지도 모른 채 앞날을 예측할 수도 없이 파도에 떠다니는 배와 같은 인생이라 할 수 있습니다. 하나님을 만나고 나를 지으신 하나님이 나를 향한 이 땅에서의 목적을 따라 사는 인생은 바위 위에 견고히 세워진 등대 같습니다.

집어삼킬 듯 검은 파도의 파괴력과 강풍 속에도 반석 위에 세워진 등대는 험난한 파도가 밀려 나간 후에 보면, 어둠에 빛을 비춰 캄캄한 밤 항해하는 배들에게 바른길을 알려주고 있으며 아침의 찬란한 태양 빛과 잔잔한 파도 물결 앞에 견고히 세워져 있습니다.

김라니 목사님의 선교사역 에세이 글을 읽으며 하나님을 만나고 사명을 발견하여 그 사명을 삶에 실천하여 살아드림으로 김라니 목사님을 통해 많은 영혼이 살아나고 김 목사님의 섬김을 통해 이 땅에 선한 역사가 이뤄지게 되었음에 하나님께 감사드리게 됩니다.

우리의 아픔 속에서도 하나님은 그 슬픔이 변하여 큰 기쁨을 소유할 수 있는 삶으로 변화시켜 주셨음에 놀라게 됩니다. 하나님은 살아계신 하나님! 우리를 사랑하시는 좋으신 하나님! 전능하신 하나님! 하나님이 하신 일을 보며 하나님을 찬양합니다.

김라니 목사님은 큰 복을 받으셨습니다. 하나님을 만나고 더 알기 위해 집중하여 나간 여정이 축복이었습니다. 외롭고 힘든 시간이었지만 진리를 찾아가는 여정이었기에 포기할 수 없었을 것입니다. 하나님을 아는 만큼 행복한 인생이 되기 때문입니다.

특별히 이 책에는 그동안 방문했던 여러 선교지 이야기가 기록되어 있습니다. 어느 곳은 여러 번 방문하기도 했고 또 이곳에 기록되지 않는 방문지도 많습니다.

어려운 곳을 찾아 주님의 사랑을 전하고자 하는 열정을 가지신 것이 복이었습니다. 주님의 부르심을 따라 나갈 때 마다 하나님의 인도하심이 있으셨고, 그것이 기쁨이고 아름다운 열매가 맺어지고 보람된 인생이 되시는 삶이 되었습니다.

신실한 믿음의 길을 사신 목사님을 주님이 기뻐하실 줄 믿습니다. 귀한 믿음의 삶은, 많은 사람들에게 등대의 빛과 같이 믿음의 본이 되는 줄 믿습니다. 이 책을 읽는 분들에게도 주님의 은혜가 있으실 것을 확신합니다. 주님이 앞으로도 계속 행하실 일을 기대합니다.

2025년 10월 10일
은혜교회 담임목사 한기홍

아름답도다
좋은 소식을 전하는 자들의 발이여

먼저 하나님께 영광을 돌립니다. 믿음의 동역자인 김라니 목사님께서 〈이제는 부르리 바람의 노래를〉에 이어 두 번째 책 〈그 눈물이 찬양이 되기까지〉를 펴내시게 된 것을 진심으로 축하드립니다. 김라니 목사님은 인생의 가장 힘들고 어려운 고비에 하나님을 인격적으로 만나서 자신의 힘으로는 넘지 못할 산과 건너지 못할 강을, 이스라엘 백성이 홍해를 건너고 광야를 지나 마침내 가나안 땅에 들어갔듯이, 하나님의 인도하심으로 건너는 기적적인 삶을 살아오셨습니다.

로마서 10장 14~15절에 "아름답도다 좋은 소식을 전하는 자들의 발이여…"하신 말씀처럼 전 세계 40여 나라에 복음을 전하기 위하여 이런 저런 핑계를 대지 않고 순종하여 그 백성들에게 지금도 복음의 씨앗을 뿌리고 있습니다. 자신이 모든 경비를 써가며 누가 이런 일을 할 수 있겠습니까?

　웨슬리 목사님이 "세계는 나의 교구다"라고 외치셨던 것처럼 세계를 교구 삼아 땀 흘려 복음을 전한 목사님의 헌신이 많은 열매를 거두게 될 것을 믿어 의심치 않습니다.

　"선교 없이 교회 없다"

　선교는 교회가 해야 할 많은 일 중의 하나가 아니라 선교를 위해서 이 땅에 교회를 세우신 것을 이 책을 읽는 모든 독자가 깨달았으면 좋겠습니다.

　평소에도 이웃과 나누고 베푸는 선교적인 삶을 사시는 모습을 보면서 많은 은혜를 받고 있습니다. 이 책을 읽는 독자들에게 사도행전을 읽을 때 우리에게 성령의 뜨거운 역사가 임하는 것처럼 복음 전파의 뜨거운 열정이 타오르기를 기도하면서 이 책을 추천합니다.

2025년 10월 10일

큰빛교회 담임목사 조헌영

1부
선교사로 부르심

01_ 마음의 고향 시카고

내가 처음 미국에 와서 자리 잡은 곳은 빌리그레함 목사님의 모교가 있는 시카고 외곽의 위튼 지역이었다. 나는 시카고에서 학교에 다녔고, 성당에서 결혼해 딸 셋을 낳았다. 아이들은 예쁘고 건강하게 잘 자라주어 우리 부부의 기쁨이고 자랑거리였다.

남편은 박세리가 LPGA에서 맨발로 연못에 들어가 투혼을 펼친 끝에 우승할 때 후원을 해준 네비스코Nabisco라는 회사에서 신임받으며 여가도 즐기는 그야말로 행복한 삶을 살고 있었다. 뿐만 아니라, 남편은 성당에서 재정부장과 농악사물놀이대장 그리고 성가대 대장으로 섬기면서 활발하게 신앙생활을 했다.

성가대원들이 집에서 성가 연습을 할 때면 큰딸 아이가 즐거운 마음으로 반주를 해주었다. 적당한 믿음에 경제적으로도 여유가 있어서 철따라 아이들과 함께 휴가를 즐기고, 골프를 치며 모든 것을 다 갖춘 삶을 살았다. 나는 미장원을 운영하면서 부동산 에이전트로도 일을 하고 남편도 부동산 면허증을 따서 한창 바쁜 주말이면 골프도 안 가고 나를 도왔다.

그런데, 남편이 회사에서 갑작스러운 사고로 죽음을 맞이하며 우리 가정은 하루아침에 풍비박산이 났다. 남편의 죽음은 나의 모든 것을 빼앗아 갔다. 누구보다 행복하게 살고 있다고 자부했는데 행복도 꿈도 모두 사라졌다.

자식이 죽으면 가슴에 묻고 부모가 죽으면 산에 묻는다고 한다. 그런데 남편을 잃은 내게는 가슴이고 산이고 그 사람을 묻을 곳이 없었다. 남편은 나의 전부였다. 나의 마음은 산산이 부서졌고 하늘이 무너지고 땅이 꺼졌다. 그야말로 내 인생이 종말을 맞이한 것처럼 그냥 죽고만 싶었다.

사람들은 아빠를 잃고 울부짖는 이제 9살 된 막내에게 하나님이 아빠가 필요하고 사랑해서 데려가셨다는 말도 안 되는 말로 위로하려 했다. 막내는 하나님보다 자기가 아빠를 더 사랑하고 자기에게 아빠가 더 필요하다고 흐느꼈다. 큰아이와 7살 차이인 그 늦둥이 때문에 사람들은 울고 또 울었다. 큰아이들도 우리 엄마가 벌써 과부가 되었다며, "엄마 불쌍해서 어떡해" 하며 나를 끌어안고 울었고, 나는 이렇게 예쁘고 똑똑한 애들이 벌써 아빠 없는 자식이 되었다는 것에 울었다.

성당에서 미사드릴 때면 남편이 떠난 성가대에서 유난히 큰 키의 남편이 미소 지으며 찬양하는 환상이 보였고, 남편의 목소리가 들려와서 견딜 수가 없었다. 이런 불행이 나에게, 우리 가정에 닥쳤다는

그 눈물이 찬양이 되기까지

것이 믿어지지 않았다. 그동안 자신만만했던 나 자신이 너무도 초라
하고 자존심이 상해서 견딜 수가 없었다. 우리는 나름대로 선하게 살
았고 남한테도 인정받고 살아왔는데 왜 내가 이 고통을 당해야만 하
냐고 하나님을 원망하며 부정했다.

"내가 두려워하는 그것이 내게 임하고 내가 무서워하는 그것
이 내 몸에 미쳤구나 나에게는 평온도 없고 안일도 없고 휴식
도 없고 다만 불안만이 있구나"(욥 3:25~26).

02 꿈속에 나타난 남편

남편이 갑자기 내 곁을 떠난 후, 매일같이 방황하고 하나님을 원망하며 살던 어느 날, 꿈속에서 남편이 현실처럼 선명하게 나타났다. 나는 너무 반가워서 "어, 당신 어떻게 왔어?"라고 물었더니, 그는 생시처럼 환하게 웃으며 늘 그랬듯이 두 손가락으로 핑거스냅을 하며 "하나님이 천당에서 휴가 보내줘서 왔지!" 하며 내 허리를 힘껏 감싸안았다. 나는 꿈속에서도 "천당에서?"라고 되물었다.

그러다 잠에서 깬 나는 너무 행복해서, 아직도 꿈인지 현실인지 구분할 수 없을 정도로 온몸에 전율을 느끼며 허리가 뻐근했다. 꿈이 생생해서 현실 같았다. 꿈속에서라도 남편을 볼 수 있는 것이 너무나 행복해서 다시 잠을 청했지만, 그저 현실 같은 꿈일 뿐이었다.

나는 그때부터 그가 천당에 있다는 것을 확신하게 됐고, 저녁 노울이 붉게 물들면 그가 예수님과 함께 웃으며 이야기하는 모습이 보였다. 하얀 구름 속에서는 흰옷 입은 천사들과 함께 천국 생활의 행복함을 누리는 그의 모습을 볼 수 있었다. 상상이나 환상이 아니고 진짜로 남편이 보였다.

그 눈물이 찬양이 되기까지

믿음은 바라는 것의 실상이라던가, '아~ 우리 그이가 천국에서 우리를 내려다보고 있구나!'하는 생각에 나는 우선 성경책을 꺼내서 말씀을 읽기 시작했다. 오랫동안 성당을 다녔지만, 성경을 제대로 읽어본 적이 없었다. 하나님을 추상적으로만 알았지, 제대로 알아보려고 노력한 적도 없었다. 당시 성당에서는 성경을 읽으라고 강하게 가르치지 않았기 때문에, 교리문만 암송하고 기도문을 따라 읽기만 하면 되는 줄로 알았다.

나는 죽음에 대해, 천국에 대해, 그리고 성경은 누가 썼고 하나님이 우리에게 어떻게 말씀하고 계시는지 궁금해졌다. 그때부터 만사를 제쳐놓고 성경을 펼쳐서 창세기부터 요한계시록까지 몇 번이나 읽어 내려갔다. 성경 말씀을 읽으면 읽을수록 그 달고 오묘한 말씀들이 내 마음을 뜨겁게 달구며 설레게했다. 그때는 몰랐지만, 그것이 성령님께서 나에게 역사하신 것이라는 것을 나중에 깨달았다.

세계 최고의 극작가 셰익스피어의 글이 아무리 아름답고 훌륭하다고 한들 이 성경만큼 아름답고 생동감이 넘칠 수는 없었다. 교회를 다니는 것과 상관없이 모든 사람에게 한 번쯤은 성경을 읽어보라고 권하고 싶다.

나는 말씀을 읽으며 피조물을 통해 창조주를 알고(롬 1:20), 성경을 통해 하나님의 계획을 알았고(요 3:16), 그리스도를 통해 하나님 사랑(요일 4:9-10)을 깨닫게 되었다. 머리로만 알았던 하나님을 온몸으로 체험하며 성령으로 거듭나는 경험을 하게 된 순간이었다.

이후로 나는 그 꿈이 남편을 잃고 방황하며 괴로워하던 나를 위로하고 회복시키기 위해 하나님께서 그를 보여주신 것이라고 믿게 되었다. 그 꿈을 통해 내 믿음 생활이 회복되었고, 하나님께서 그를 데려가신 것에 대한 뜻을 깨달았다.

개신교 성경에는 없고 가톨릭 제2 정경에 있는 지혜서에서 의인의 요절腰絶을 읽고 최고의 위로와 안식을 얻었다.

> "의인은 제명을 다하지 못하고 죽더라도 안식을 얻는다....
> 그는 하나님의 뜻대로 살아 하나님의 사랑을 받았다.
> 그래서 죄인들 가운데 살고 있는 그를 하나님께서 데리고
> 가셨다....
> 짧은 세월 동안 완성에 도달한 그는 오래 산 것과 다름이 없다.
> 그의 영혼이 주님의 뜻에 맞았기 때문에 주님은 그를
> 악의 소굴에서 미리 빼내신 것이다."

선하고 착하게 사는 사람을 하나님이 일찍 데려가신 뜻을 알게해준 대목이다. 이 성경을 진작 읽었더라면, 아이들도 더 잘 키우고, 고난을 당해도 넉넉하게 이기고, 현실을 인정하고 최선을 다하는 긍정적인 삶을 살았을 텐데…….

그동안 성경을 읽지 않아서, 하나님의 섭리를 모르고 늘 원망하며 살았던 것이 억울하기까지 했다.

성당에서는 내가 서러워서 울면, 성스러운 성당에서 그만 울라고 핀잔을 주는 사람이 있었는데, 나중에 신학교에 다니면서 교회에 나갔더니 마음이 푸근하고 마음껏 통곡할 수 있어서 좋았다. 사람들은 내가 통곡하면 할수록 은혜를 많이 받았다며, 위로하며 다독여 주었다. 참으로 마음이 같은 공동체에서 슬픔을 나누면 반으로 줄어 들고, 기쁨을 나누면 배로 커진다는 말씀을 절감하게 됐다.

나는 계속해서 전심으로 성경을 읽으며 하나님 앞에 무릎 꿇고 기도하며 진심으로 회개하고 통곡했다. 온통 눈물범벅이 되어 무엇을 회개해야 하는지, 무엇을 회개했는지조차 모르면서 며칠이고 눈물로 기도했다.

하나님은 남편을 일찍 데려가심으로써 그 고난을 통해 나를 구원해 주셨다. 성경을 읽고 나서야, 어린 나이에 사랑하던 아빠를 잃은 나의 불쌍한 세 딸이 이렇게 잘 자라 훌륭한 성인이 된 것은 나 혼자만의 노력이 아니었고, 남편은 심었고, 나는 물을 주었고, 오직 자라게 해주신 분은 하나님이라는 것을 깨달았다. 그 후, 강퍅했던 내 마음이 서서히 풀리기 시작했다.

나는 주님 앞에 새롭게 태어나서 주님의 신부가 되어 나의 삶을 주님께 드리겠다고 결심했다.

"그러나 내가 가는 길을 그가 아시나니 그가 나를 단련하신 후에는 내가 순금 같이 되어 나오리라"(욥 23:10).

03_ 언약의 무지개를 따라온 캘리포니아

나는 그동안 성경을 읽지 않고도 하나님을 믿는다고 했던 나 자신이 부끄러워졌다. 성경을 읽는 동안 내 몸이 뜨겁게 타오르는 불덩이 같았고, 말씀을 하나하나 음미할 때마다 꿀송이보다 더 달다는 말이 실감 났다. 마치 아무도 모르는 비밀의 세계를 엿본 것 같은 흥분과 기쁨이 내 안에서 넘쳤다.

성경을 통해서 하나님이 이토록 아름다운 말씀을 주셨다니 감탄하지 않을 수가 없었다. 세상의 모든 오묘한 지혜와 진리가 성경 속에 다 들어있었다. 내 삶의 모든 것이 하나님의 은혜였다는 것을 깨달았다. 내가 하나님을 믿은 것이 아니라, 주님께서 먼저 내게 오셔서 내 손을 잡아주셨음을 깨닫고 고백하는 그 순간, 나는 진심으로 회개하며 감사했다.

나는 성경에 나오는 두 인물의 이야기에 감명받았다. 첫 번째는 요나였다. 요나는 니느웨에 가서 복음을 전하라는 하나님의 명령을 거역하고 도망가다가 물고기 뱃속에 던져져 회개했다. 그리고 니느웨로 돌아가 전도함으로써 니느웨가 회개하여, 멸망하지 않고 구원을 받았다는 대목에 선교의 중요성을 알고 크게 감동했다. 하나님께서는 요나같은 사람도 들어 쓰시는데…….

어릴 때 나는 자선사업가가 되어 가난한 사람들을 돕고 싶어 했는데 하나님은 자선사업가보다 더 멋진 선교사로 나를 부르고 계셨다. 아직 예수님의 이름을 들어본 적이 없는 미전도 종족Unreached People에게 복음을 전하는 선교사가 되고 싶다는 생각이 내 가슴을 뛰게 했다.

내가 꿈꾸었던 자선사업가의 꿈은 큰딸에게 이어졌다. 큰 아이는 오드리헵번처럼 평화사절단이 되어 가난한 사람들을 돌보고 싶다고 해마다 아프리카 쟘바이로 식구들과 함께 봉사를 다닌다. spark ventures 봉사단에서는 최고의 기브 트로피를 받았다. 그런 마음을 준 하나님께 감사가 넘친다.

내 가슴을 뛰게 한 두 번째 인물은 사도 바울이었다. 바울은 빌립보서 4장 12절에서, "내가 비천에 처할 줄도 알고 풍부에 처할 줄도 알아 모든 일에 배부르며 배고픔과 풍부와 궁핍에도 일체의 비결을 배웠노라 내게 능력 주시는 자 안에서 내가 모든 일을 할 수 있느니라"

고 했다. 특히 이 말씀을 읽었을 때 나는 하나님이 나를 선교사로 부르신다는 것을 확신했다.

'그래, 나는 한국전쟁 후에 가난함도 겪어 봤고, 미국에 와서 풍요로움도 느껴 봤다. 능력 주시는 자 안에서 내가 모든 것을 할 수 있다'하는 믿음이 생겼다. 하나님의 부르심에 따라 선교지로 떠나기 위해 나는 먼저 신학교에 들어가야겠다고 생각했다. 하지만 가톨릭에서는 여자를 받아주지 않았다. 여자는 그저 봉사만 하란다. 나는 가톨릭 신학교에 들어갈 수 없어서 발길을 돌려야만 했다.

신학교에서 남자는 받아주고 여자는 안 된다니 너무나 불공평하다는 생각이 들었고, 심지어 성차별 아닌가 싶었다. 성경에는 예수님의 제자 중에도 여인들이 많았는데, 부활해서 제일 처음 보여주신 이도 여자인 막달라 마리아 아닌가. 여자라는 이유로 신학교에 갈 수 없다는 것은 결코 하나님의 뜻이 아니라는 생각이 들었다. 성경을 좀 더 체계적으로 배우고, 선교사로 나가 평생을 주님께 헌신하고 싶었는데, 성당에서는 그것마저도 허락하지 않았다.

나는 시카고에서 개신교 신학교의 문을 두드렸다. 그곳에서는 성차별도 없이 하나님을 알고자 하는 사람들을 누구든지 환영했다. 처음에는 신학교를 다니면서도 성당을 떠나지 못했다. 공소로 있던 성당을 남편과 뜻이 맞는 믿음의 사람들이 합심하여 한국에 가서 신부님을 모셔 와서 세운 성당을 함부로 떠날 수가 없었다.

그러던 어느 날 신학교의 문 교수님이 LA에 있는 미주 장로신학대학교를 소개해 주시면서 학생도 많고 교수진도 훌륭하다고 하셨다.

나는 좋은 신학교에 가고 싶다는 마음과 마침 남편 없는 시카고의 추운 겨울을 견딜 수가 없어서 많은 사람의 만류를 뿌리치고 살던 집도 그냥 두고 겨울마저도 따뜻한 캘리포니아로 이사 왔다.

나는 주님의 말씀으로 새롭게 태어났으니, 하나님의 신부가 되어 내 삶을 주님께 드리겠다고 결심했다. 그런데 교회 생활을 하면서도 남들에게 남편 없이 혼자서 아이들만 데리고 사는 여자라는 것이 자존심이 상했다. 그래서 남편에 관해 묻는 사람들에게 항상 "남편은 시카고로 출장 갔다"라고 얼버무렸다. 나중에 모든 것을 내려놓고 간증하며 마음이 홀가분해지기까지 한참이 걸렸다.

내가 캘리포니아로 이사 온 데에는 앞에서 말한 두 가지 이유 외에도 한 가지가 더 있다. 남편이 순직한 뒤, 회사와의 소송에서 내가 이겼다는 소문이 시카고 커뮤니티에 퍼졌다. 내 변호사들이 로펌을 선전하기 위해 한국 신문에까지 기사를 낸 것이다. "과부가 송사로 큰돈을 벌었다"라는 소문이 퍼져나갔고, 그로 인해 시카고에서 더 이상 살기 힘들어졌다. 참고로 지금은 그 돈을 다 써버려서 이 글을 쓸 수 있다.

이렇게 따뜻한 캘리포니아로 이사를 와야 할 삼박자 조건이 맞아떨어진 것이다. 결국, '꿈America dream을 이루겠다'라는 일념으로 바람의 도시 시카고로 갔고, 끝내 성령의 바람을 따라 천사의 도시 로스앤젤레스까지 오게 되었다.

이제부터는 소망의 꿈을 찾아 열방을 노래하리라. 야자나무가 가로수길마다 뻗어 있는 캘리포니아는 하와이와 같은 이색적인 풍경을 볼 수 있고 일 년 내내 추위도 없는, 그야말로 축복의 땅이었다.

큰아이 둘은 이미 보스턴에 있는 대학으로 떠났고 막내딸 크리스티나와 함께 하나님께서 주신 또 다른 사명을 위해 내가 가고자 했던 신학교가 가까운 플러턴 산속에 보금자리를 잡게 되었다.

사방에 울창한 나무들이 우거져 있고, 수영장이 내려다보이는 우리 집 정원에서는 아침마다 온갖 종류의 새들이 지저귀며, 빨강, 노랑, 파랑의 화려한 색을 자랑하며 날아다녔다. 앞마당에는 몇백 년 묵은 듯한 올리브 나무가 웅장한 모습으로 서 있었다. 밤새 비가 내린 아침에 침대에서 눈을 뜨면, 반짝이는 햇살을 뚫고 올리브 나뭇가지 사이로 일곱 색깔 무지개가 영롱하게 비추는 것을 침실에서 감상할 수 있었다.

그것은 노아 홍수 이후, 하나님께서 다시는 물로 혈기 있는 자들을 멸하지 않겠다는 그 "언약의 무지개"를 떠오르게 했다. 뒷마당에 늘어져 있는 유칼립투스Eucalyptus 나뭇가지의 향기를 맡으며 마시는 모닝커피와 더불어 내가 리포트를 쓰느라 타이프치는 소리에 취해 나는 더없이 행복했다. 이렇게 나는 캘리포니아에서의 새로운 삶을 시작하면서 산장의 여인이 되었다.

"여호와는 나의 목자시니 내게 부족함이 없으리로다"(시 23:1)

04 하나님의 은혜로 찾아간 신학교

처음 신학교를 가고자 했을 때, 가톨릭에서는 여자라는 이유로 받아주지 않았지만, 나처럼 나이가 많은 여자도 마다하지 않고 받아준 개신교 신학교에 진심으로 감사했다. 남편 없이 덤으로 사는 인생, 오직 주님의 신부로 살겠다는 마음으로 신학교에 입학했다.

나는 성당만 다녔기에 교회에 대해서는 아무것도 몰랐다. 교수님은 "신학은 문학의 꽃"이라는 자부심을 갖고 열심히 공부하라고 격려해 주셨다.

당시에는 신학교가 "장로회신학대학교" 하나만 있는 줄 알았는데, 나중에 미국에는 수많은 신학교가 있다는 것을 알게 되었다. 미주 장신에 입학한 것은 하나님의 인도하심이었다. 그 학교는 기숙사도 갖춰있으며 훌륭한 교수님을 모시고 많은 학생들이 수강하고 있었다.

교수님들 대부분은 한국의 장로회신학대학교 교수님들이 교환교수로 이곳에 와서 강의하셨는데 그 실력이 탁월했다. 교수님들은 신학, 정치, 사회, 경제, 문화, 철학 등 모든 분야에서 뛰어난 분들이셨다. 신학교에서 정말 많은 것을 배웠다.

나이가 들어서 하는 공부인데도 신학교 생활은 참 재미있었다. 집에 돌아오면 밤새 컴퓨터 자판을 두드리며 리포트도 쓰고 숙제를 하며, 자료를 찾아보는 등 새로운 삶에 신이 났다.

선교사가 되기 위해 신학교에 갔기 때문에, 앞으로 돈은 많이 필요하지 않을 것으로 생각했다. 그리고 선교사만 되면 교회에서 모든 선교비를 대준다고 생각하고, 샀던 빌딩도 도로 팔아버렸다. 선교사로 나가면 빌딩을 관리할 사람도 없었다. 나는 하나님이 주신 물질을 이렇게 저렇게 다 써버렸다. 그런데 공부하다 보니 선교하려면 돈도 많이 필요하다는 것을 알게 되었다. 교회나 선교단체에서 재정을 지원하는 선교사보다는, 바울처럼(행 18:3) 자비량 선교사Tent Maker들이 많았다.

같은 성경 말씀을 가지고 같은 삼위일체 하나님을 믿는데 개신교 사람들은 가톨릭을 너무도 모르고 가톨릭 사람들은 개신교를 너무도 모른다. 그래서 신학교에 다니면서 이단에서 왔다고 핍박도 많이 받았다. 심지어 어떤 학생은 교황은 마귀의 앞잡이라며 나를 갈고리로 끌어다니는 제스처를 하는 학생도 있었다.

성당에서는 여유롭게 우리는 큰집이고 개신교는 작은집이라고만 생각했다. 그래서 그런지 성당에서는 개신교를 비판하는 소리를 한 번도 못들었는데 교회에 오니 가톨릭을 엄청나게 비판하였다.

그럼에도 불구하고 뒤늦게 하나님 말씀을 배우고 신학을 공부하는 일이 너무 재미있어서 열심히 수업에 참여했다. 교수님이 가르쳐 주시는 내용을 놓치지 않으려고 노력했고, 시험과 리포트를 제출할 때마다 A학점을 받기 위해 최선을 다했다. 한 가지에 집중하면 깊이 파고드는 성격이었기에 학문에 대한 열정이 더 커졌다. 신학교의 여학생들은 모두 나보다 어렸지만, 그들과 함께 공부하고 교제하며, 기도원에도 함께 다니면서 젊음을 되찾은 기분이었다.

캘리포니아에 와서 처음으로 기도원을 가게 됐다. 나는 기도원에서는 하루 종일 기도만 하는 줄 알았는데 기도도 하고 쉬면서 영적 재충전을 하는 곳이었다. 기도원은 천주교에서 말하는 피정 하러 가는 곳과 비슷한 곳이었다. 기도원 산장에서 올려다보는 별들은 맑은 하늘 덕에 유난히도 반짝였다. 동방박사들이 별을 따라 예수님을 찾아갔듯이, 나도 별을 따라 열방을 다니며 예수님을 전하며 소망의 노래를 부르리라.

신학교에서 여학생들은 얼굴에서 빛이 나는 것처럼 맑고 생기발랄하게 보였으나, 남학생은 지쳐 보이는 학생들이 많았다. 알고 보니 많은 이들이 아내와 자녀가 있는 가장으로, 낮에는 학교에 다니고 밤에는 일하느라 쉴 틈이 없어서 힘든 삶을 살고 있었다.

그런데 어느 날이었다. 설교 실습 시간에 박대봉 전도사님이 멋진 양복에 기타를 들고 나타났다. 예배를 인도하면서 기타를 치며 찬양하는데, 정말 놀라웠다. 평소에는 후줄근한 차림으로 수업에 늘 졸고 있는 것처럼 보였는데, 완전히 딴사람이 된 것만 같았다. 확신에 차서 담대하게 말씀을 전하는 그의 모습 속에서 엿본, 살아있는 그의 눈동자가 너무나도 인상적이었다. 그 모습 때문에 나는 외모나 첫인 상에 대한 편견을 버리고 큰 은혜를 받았다. 하나님은 그가 선택하신 사람들을 신학교로 보내시는구나 하는 것을 깨닫게 되었다.

학교에 다니면서 나는 익명으로 최신형 프린터와 드럼, 오디오 장 비 등을 구매하도록 후원금을 냈다. 또한 아침마다 클린턴 대통령이 즐겨 먹는다는 크리스피 크림 도넛 가게에 들러 새 도넛을 몇 박스씩 사서 학교로 가져갔다. 도넛이 늦게 나와서 지각할 때도 있었지만, 학생들이 맛있게 도넛을 먹는 모습을 보면서 행복함을 느꼈다.

그런데 얼마 전에 신학교를 가보고는 너무도 놀랐다. 교실마다 컴 퓨터와 오디오 시스템 영상들이 방송국보다 더 멋지게 설치되어 있 었다. 그동안 학교가 장족의 발전을 하여 너무도 자랑스럽고, 이런 곳에서 공부하는 후배들이 부러웠다.

신학교에서 함께 공부하는 학생들은 내가 왜 신학교에 왔는지 이 해가 되지 않는다고 말하곤 했다. 나는 그 말이 의아했다. 그리고 심 지어 '신학교는 천사 같은 사람들만 오는 곳인데, 나 같은 죄인이 와 서 그런가?' 하고 의구심을 가졌다. 알고 보니 목회자로서의 사명보 다는 영주권이나 학생비자 때문에 학교 다니는 사람들이 많았던 것 이다. 그러나 나는 그 또한 하나님의 은혜와 부르심이라고 생각했다.

나는 당당히 하나님의 부르심을 받고 선교사가 되기 위해 신학교 에 왔다고 말했다. 그때 학생들은 "전도사님은 절대로 선교사가 될 수 없다"라고 했다. "왜요? 나는 제2의 인생을 하나님께 바칠 겁니

그 눈물이 찬양이 되기까지

다.”라고 답하며, 오지에서 복음을 전하면서 그들을 위해 살겠다고 포부를 밝혔다. 그러나 그들은 고개를 가로저으며, 내가 가진 것이 너무 많아서 못 간다는 것이다. 나는 내가 가진 것을 티 내지 않았지만, 학생들에게 많이 베푸는 것을 보고 그렇게 생각한 것 같았다.

그러다 보니 장학금을 달라는 학생이 한두 명이 아니었다. 나는 왜 나에게 장학금을 달라고 하는지 이해가 되지는 않았지만 어차피 내가 가진 모든 것을 선교를 위해 바치겠다고 마음을 먹었고, 신학교도 선교지라 생각하며, 여러 학생의 학비를 대신 내주었다. 감사하게도 그들 모두 훌륭한 목회자가 되어 교회를 잘 이끌고 있고, 또 선교사

우리 미용사들

로서 전 세계 여러 곳에서 헌신하고 있다.

나는 신학교를 다니면서 에나힘에서 미용사만 20여 명이 넘는 종합 미용실을 운영하고 있었다. 머리 손질은 물론이고 한쪽 방에서는 스킨케어를 하고 다른 방에서는 손톱을 다듬어 주는 사람이 따로 있었다. 하루는 신학교 학장님이 미용실을 방문하셨다.

나는 손톱 소재를 하는 '린다'에게 우리 스승님이니 손톱과 발톱을 잘 다듬어 드리라고 일렀다. 그런데 학교에서는 그렇게도 호랑이같이 무섭고 당당하던 학장님이 내 미용실에 와서는 어쩔 줄을 모르는 것이다. 한국 사람은 한 명도 없고 종업원이 미국 사람으로만 구성된 것을 보고 더 놀란 것 같았다. 그때 나는 사람은 자기가 있을 자리에서 있을 때에 위엄이 서고 빛이 난다는 것을 알았다.

"…내가 너를 지명하여 불렀나니 너는 내 것이라"(사 43:1 하)

그 눈물이 찬양이 되기까지

②부

단기 선교의 시작

05 단기 선교를 준비시키신 하나님

처음 미국에 왔을 때 누가 공항에서 픽업해 주느냐에 따라 그 사람의 미국 생활이 마중 나온 사람의 직업과 같아진다는 말이 있다. 시카고 오헤아 국제공항에서 나를 픽업해 준 분은 성 목사님 부부였다.

나는 처음 미국에 와서 대학에 입학하여 낮에는 학교에 다녔고, 밤에는 파트타임으로 공장에 다니며 돈을 벌었는데 당시 미용학교에 다니던 사모님이 내게 함께 미용학교에 다니기를 권유하셨다. 아메리칸 드림을 이루어 보겠다는 큰 포부를 안고 미국에 왔는데, '미용학교라니……' 솔직히 말도 안 되는 소리라는 생각이 들었다. 그러나 사모님의 강권을 거부할 수 없어서, 영어라도 배우게 되겠지, 하는 마음으로 미용학교에 다니게 되었다.

내가 꿈꾸었던 삶과는 너무나 동떨어져, 내가 미용을 배우게 될 줄은 상상도 못 했다. 그때는 알지 못했다. 하나님께서 나를 통해 이루시려는 계획이 무엇인지를……. 하나님은 내가 원하지 않았던, 취미조차 없었던 미용을 배우게 하셨고, 그 후에는 남편을 일찍 데려가셔서 신학교를 보내주시고, 선교사라는 새로운 삶을 시작하게 하셨다.

내가 고통스럽게 느꼈던 시간은 모두 하나님께서 예비해 두신 계획 속에서 사명을 향한 여정의 일부였음을, 그때는 몰랐다.

신학교를 졸업했지만, 나이가 많고 타지에서 여자 혼자서 선교사로 생활하기는 어렵다는 현실적인 문제를 비롯해 선교사로 나가는 것을 막는 여러 가지 장벽들이 있었다. 막내가 아직 고등학생이고 장신대에서는 결혼한 부부만 선교사로 내보냈다.

닫힌 문 앞에 서 있던 내게 하나님은 단기선교라는 다른 문을 열어 주셨다. 나는 신학대학원을 졸업한 후 전적으로 단기선교를 다니는 중에도 십 년 넘게 계속 학교에 다니며 논문을 써서 결국 선교학 박사 학위를 받았다. 하나님은 내 영혼을 소생시켜 주시고 하나님의 이름을 위하여 의에 길로 나를 인도해 주셨다.

내가 미용 기술을 가진 사역자임을 알게 된 교회들이 멕시코 단기선교와 미용 강의를 해달라고 요청하기 시작했다. 하나님은 미용이라는 직업을 통해서 비로소 선교의 문을 열어주셨고, 그것이 바로 내 삶의 중요한 전환점이 되었다. 그런데 하나님은 또 다른 놀라운 계획을 세우고 계셨다. 둘째 딸아이가 잘 다니던 신문사의 기자를 그만두고 항공사에 취직하게 되어, 그 덕분에 나는 유나이티드 항공기가 가는 노선이라면 어디든지 갈 수 있게 되었다. 덕분에 나는 더욱 활발히 단기 선교를 다닐 기회를 얻게 되었다.

큰딸은 내가 선교하는 것이 자랑스럽다고 말하며, 필요할 때마다 물질적으로 후원해 주었다. 아이들은 내가 하나님이 주신 물질을 도

그 눈물이 찬양이 되기까지

박이나 술, 마약과 같은 쾌락에 탕진하지 않고, 오직 하나님께 바치고 헌신하는 것을 자랑스럽게 여기고 감사해했다. 딸들에게 "고맙다"라고 하면, 딸들이 오히려 "대신에 엄마는 우리를 위해 항상 기도해 주시잖아요"라고 답하는데, 그들의 믿음이 얼마나 든든한지 감사가 넘칠 뿐이다. 아이들의 그런 믿음과 마음가짐이 하나님께서 내게 주신 또 다른 큰 축복이었다.

"하나님, 저처럼 부족한 죄인을 사랑하시고, 이렇게 변화시켜서
하나님의 도구로 사용하신 그 놀라운 계획을 감사드립니다.
제 삶에서 주님을 인격적으로 만나고, 주님이 주시는 기쁨과
평강 속에서, 오늘도 단기 선교를 다니며 하나님께 순종합니다.
하나님께서 하신 일들을 보고 듣고 느낀 것들을 증언하며, 제
삶을 통해 하나님의 능력이 나타나기를 기도합니다.
하나님께서 주신 사명을 이루기 위해 힘껏 달려가겠습니다.
저를 통해 하나님의 영광이 드러날 수 있도록, 제 모든 삶을 헌
신합니다."

열심히 열방을 다니며 하나님의 노래를 부르리라.

"오직 성령이 너희에게 임하시면 너희가 권능을 받고 예루살
렘과 온 유대와 사마리아와 땅 끝까지 이르러 내 증인이 되리
라 하시니라"(행 1:8)

06 내가 복음을 전해야 하는 이유

시카고에서 신학교를 다니면서 알게 된 장시근 장로님은 1960년대 초에 미국에 오셔서 미시간 대학에서 우주항공학을 전공하셨다. 그 시절, 많은 이들이 사진을 통해 배우자와 만났던 것처럼, 장로님도 이화여대 출신인 믿음 좋은 현재의 부인을 만났다고 하신다.

두 분은 결혼 후, 시카고에서 처음 생긴 "시카고 한인제일연합감리교회"를 섬기셨다. 이 교회는 한국에서 대통령이나 장관이 시카고에 방문하면 꼭 들르는 곳이었다. 장로님 부부는 그동안 다섯 명의 담임목사님을 섬기면서 변함없이 신앙의 길을 걸어오셨다.

그런데 미시간대학 항공과를 나오신 장로님이 칠순이 넘은 나이에 본격적으로 주님의 일을 하겠다고 신학교에 오셨다. 보통 70세가 넘으면 교단에서 목사 안수를 받을 수 없다. 그러나 장로님은 "모세도 80세에 부름을 받았는데 주님 일을 하는 데 나이가 무슨 상관이냐?"라며, 끝까지 선한 싸움을 싸울 것이라고 하셨다. 선교지에서 불쌍한 영혼들을 만나면, 그들에게 안수도 해주고, 목사의 권위를 가지고 상담도 해줘야 하니, 목사 안수를 꼭 받아야 한다는 것이다.

그 눈물이 찬양이 되기까지

나는 신학교를 졸업하고도 목회하지 않고 선교만 다녔기 때문에 오랫동안 목사안수 받기를 거부했었다. 그런데 정말 장로님 말씀처럼 선교를 다니다 보니 역시 목사안수를 받아야 불쌍한 영혼들에게 안수기도를 할 때 상대가 더욱 믿음을 갖게 되고 나 또한 권위가 인정되어 나중에 목사안수를 받았다.

장로님과 함께 신학교에서 공부하면서, 종종 골프를 치고 많은 이야기를 나누기도 했다. 그럴 때마다 장로님은 내게 세상사에 필요한 교훈을 많이 전해 주셨다. 그중에서 특히 기억에 남는 이야기가 있다. 장로님의 고향은 평양이라고 한다. 당시 장로님은 고향에서 쌀가게 점원으로 일을 하고 있었는데, 그 가게에 한 처녀가 자주 오곤 했다고 한다.

그런데 그 처녀는 가끔 외국인을 대동하고 나타났다. 알고 보니 처녀가 교회를 다니고 있었는데, 그 외국인은 해외에서 온 선교사였다. 장로님은 그 처녀가 교회에 다니면서 왜 자신에게는 단 한 번도 "함께 교회에 다닙시다"라는 말을 하지 않았는지, 오랫동안 궁금했다고 한다. 장로님은 만약 그 처녀가 자신에게 복음을 전해 주고 함께 교회에 가자고 했다면, 그때부터 예수님을 믿었을 텐데, 그러면 얼마나 좋았을까 하는 아쉬움을 표하셨다.

장로님의 말씀을 들으면서 나는 전도가 얼마나 중요한 일인지 다시 한번 깨달았다. 전도는 단지 한 사람의 선택이나 기분에 따라 해도 되고, 안 해도 되는 선택사항이 아니라, 우리가 반드시 해야 할 사명임을 확신하게 되었다. 하나님께서 주신 이 소중한 사명을 잊지 말고, 때를 얻든지 못 얻든지, 언제 어디서나 전도해야겠다고 결심하게 되었다.

"너는 말씀을 전파하라 때를 얻든지 못 얻든지 항상 힘쓰라 범사에 오래 참음과 가르침으로 경책하며 경계하며 권하라"(딤후 4:2)

07 인디언 선교, 노숙자 사역과 헐리우드 노방 전도

아메리카 대륙의 원주민을 인디언이라고 칭하고 라틴 아메리카 원주민은 인디오라고 한다. 가장 면적이 큰 보호구역은 나바호 자치국이다.

이러한 원주민 보호구역 자치 법령은 관광객 유치를 위해서 카지노의 건설을 허용하는 등 보호구역내의 사법권을 가지고 있다.

원주민의 영토 보호구역을 인디언 레저베이션이라부른다.

신학교 다니던 시절에 인디언 선교를 하러 간다고 해서 나는 옛날 아파치를 생각하고 아직도 깃털 달린 모자를 쓰고 얼굴에는 무서운 그림을 그린 그런 사람인 줄 알았다. 그런데 웬걸 그들은 우리 일반인과 조금도 다를 바 없었다. 마냥 순진하기만 했다.

세계를 돌아봐도 미국처럼 살기 좋은 나라는 없다. 그런데도 노숙자들이 엄청 많은 것도 사실이다. 미국이라는 나라는 점심에 대통령도 햄버거를 먹고 노숙자도 햄버거를 먹는 나라이다. 특히 캘리포니아 엘에이 지역은 날씨가 좋다 보니 노숙자들이 가장 많다. 그중에는 한국  1.5세도 꽤 있다. 이 좋은 나라에 부모 따라 이민 와서 참 안타까운 현실이다.

홈리스들은 나라에서 주는 천여 불의 돈으로 천막에서 잠을 자고 자유롭게 거리를 활보하고 다니는 것이 좋단다. 파트타임으로 일을

그 눈물이 찬양이 되기까지

해봤자 세금 떼고 방세 내고 나면, 나라에서 주는 천불로 길에서 사는 것이 훨씬 낫다고 한다.

그중에는 알콜중독자나 마약중독자가 많아서 구제하기가 참 힘이 든다. 홈리스 사역은 전적으로 하나님이 하셔야 한다. 하나님만이 그들을 중독에서 치유시키고 자유케 하신다. 성령님의 인도함으로 본인의 의지가 있어야 변화 할 수있다.

그들은 대체로 마음이 여리고 착한 사람들이 많다. 말씀으로 사랑으로 계속 돌봐주다 보면 은혜를 받고 하나님 품으로 돌아오는 사람도 있다. 나는 한 달에 한 번씩 롱비치에 있는 집회에 가서 홈리스들에게 말씀을 전했다. 권사님들이 부엌에서 음식을 만드는 동안 나는 강당에서 홈리스들을 모아놓고 말씀을 전한다.

오늘의 홈리스들이 다음 달에 가보면 사람들이 많이 바뀌어있다. 직장을 잡은 사람들은 떳떳하게 가족에게 돌아가던지 방을 얻어 들어가 생활하고 그새 직장을 잃은 사람들이 다시 홈리스가 되는 것이다. 그들의 대부분이 인텔리들이다. 성경지식도 대단했다.

"믿음은 들음에서 나며 들음은 그리스도의 말씀으로 말미암았느라…. 믿지 않은 이를 어찌 부르리요 듣지도 못한 이를 어찌 믿으리요 보내심을 받지 않았으면 어찌 전파하리요"

내가 여기까지 말씀을 전하고 나면 그들이 먼저 따라서 "아름답도다 복음을 전하는 자들의 발이여"하며 신이 나서 성경 구절을 줄줄 외우는 사람도 있다.

은혜가 넘치는 설교를 마치고 손뼉을 치며 찬양을 한다.

"성령 하나님 나를 만지소서..."

모두가 성령님을 갈구한다. 그 후 맛있는 식사를 하며 한쪽에서 머리를 깎아준다. 너무도 보람된 사역이다. 그러나 홈리스 사역 단체가 교회마다 개인마다 그렇게 많은데도, 가난은 나라도 구제를 못 한다고, 그들을 다 구제할 수는 없는 일이다.

헐리우드 거리에서는 전세계의 여행자를 상대로 노방전도를 했다. 선교에 대한 비전을 가지고 있었기 때문에 어디든지, 누구든지 만나서 예수님을 전하는 것은 참 기쁘고 즐거운 일이다. 재미가 쏠쏠하고 보람을 느끼는 시간이다.

"예수께서 이르시되 내가 곧 길이요 진리요 생명이니 나로 말미암지 않고는 아버지께로 올 자가 없느니라"(요 14:6)

그 눈물이 찬양이 되기까지

❸부

멕시코 선교
전하는 이나 받는 이가 하나!

08 나의 첫 번째 해외 선교지 멕시코

세상에 우연이란 없다던가! 어느 날 치과에 들렀다가 뜻밖의 제안을 받았다. 의료 선교를 가는데, 사람들의 머리를 깎아줄 미용 부서 담당자가 없다며, 내게 함께 가자고 요청했다. 그 말을 듣는 순간, 성령님께서 나를 이곳으로 인도하신 것이라는 확신이 들었다. 그동안 신학교에 다니면서 미국 내에서 인디언 선교 활동은 했지만, 해외 선교는 갈 기회가 없었는데 하나님께서 드디어 내게 해외 선교의 길을 열어주셨다는 생각에 가슴이 벅찼다.

집에 돌아와 여권과 미용 도구들을 챙기기 시작했다. 가위, 미용 도구, 앞치마, 물통 등 여러 가지 필요한 것들을 미용 박스에 넣으며 흥분을 감출 수 없었다. 처음 가보는 해외 선교여서 빠진 물건이 있을까 걱정돼 괜스레 미용 박스의 뚜껑을 열었다 닫았다 하며 잠을 이룰 수가 없었다. 밤새도록 설렘과 기대로 기도하다 보니 아침이 됐다. 그동안 영적으로 메말라 있던 내 영혼에 하나님께서 생기를 불어넣으시려는 것이 분명하다는 확신이 들었다.

다음날, 선교센터에 도착하니 함께 선교하러 떠날 학생들이 모두 내 딸보다 어린 대학생들이었다. 의사들과 학생들은 선교비까지 스스로 마련해서 떠날 준비를 하고 있었다. 학생들은 모두 2세들이고, 의사나 목사님들은 1.5세로, 한국어, 영어는 물론 스페인어까지 능숙하게 구사할 정도로 실력이 뛰어난 선교팀이었다. 의사 중에는 성당에 다니는 분도 계셨다. 그들은 마치 예수님의 십자가 군단 같았다. 나는 열정적으로 사명을 다하는 그들의 모습을 보고 선교지로 떠나기 전에 이미 감동을 받았다.

의사 7명과 목사, 선교사가 포함된 일행 30명이 세 대의 버스에 나누어 타고 신나게 달려 도착한 곳은 멕시코의 한 작은 시골 교회였다. 그곳에는 한인 목사님도 통역관도 없었지만, 현지 목사님이 반갑게 맞아주셨다. 다행히 우리는 언어 장벽이 없는 선교팀이라 큰 어려움 없이 선교를 시작할 수 있었다.

도착하자마자 저녁 예배를 드리고 나니 너무 늦은 시간이라 모두 잠자리에 들어야 했다. 시멘트 바닥에 나무로 만든 간이침대에서 자는 것이 결코 편안한 것은 아니었다. 초가을인데도 너무 추워서 몸이 덜덜 떨리면서 잠을 잘 수가 없었다.

새벽닭 소리와 함께 아침이 밝았다. 자리에서 일어나 밖으로 나와보니 선교사님과 의료진들은 날밤을 새워가며 진료 준비를 하셨다고 한다. 그들은 피곤한 기색 없이 환한 미소로 사람들을 맞이하며 아침 예배를 드린 후 진료를 시작했다. 나도 부지런히 의자를 세팅하고 미용 도구들을 차려놓으니, 금세 간이 미용실이 완성되었다.

　진료나 미용 서비스는 예배에 참석한 사람들만 선착순으로 받게 했다. 사람들이 차례를 기다리며 매우 인내심 있게 대기했다. 한참을 머리를 깎아주다가 돌아보니 많은 사람이 여전히 줄을 서고 있음을 보며, 그들에게 복음을 전할 기회를 주신 하나님께 감사했다. 미용 사역 중에 손이 모자라다 보니 김 목사님께서 군대에서 배웠다는 실력을 발휘해서 미용 사역에 합류했다.

　봉사자들은 모두 "예수님은 당신을 사랑합니다!"라고 외치며 사람들에게 복음을 전하고, 예수님 때문에 우리가 이곳에 왔다고 설명했

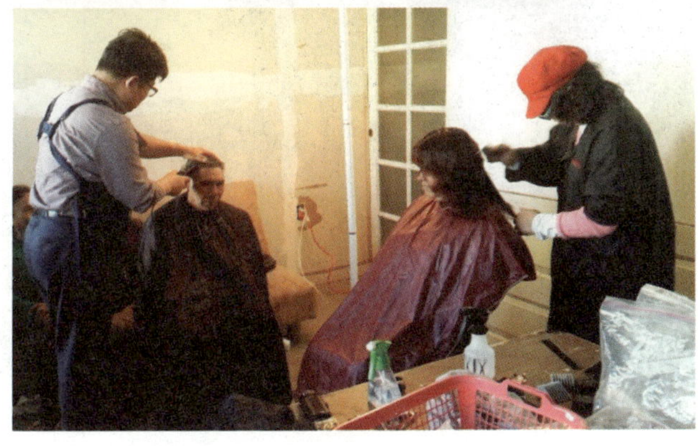

다. 치과 의사를 비롯해, 한의사, 내과 의사들이 열심히 진료하는 동안, 대학생들이 보조 역할을 맡았는데 손발이 척척 맞았다. 다른 대학생들은 현지인들에게 사영리 책자를 나누어주며 일일이 설명해 주고 있었다.

또 한편에서는 치과 의사로 선교를 오신 선교사의 사모님이 아이들을 모아놓고 유창한 스페인어로 찬양과 율동을 가르치며 선물도 나누어 주셨다. 그 모습이 마치 천사처럼 아름다웠다. 가냘픈 체구로 바람 한 번 불면 날아갈 듯 보였지만, 그 안에서 뿜어져 나오는 열정은 그녀가 대단한 사람임을 느끼게 했다.

선교사 사모님은 어린 시절을 남미에서 보냈기 때문에 스페인어를 구사하고, 영어와 한국어도 자유롭게 하는 분이었다. 선교사 부부는 부인은 언어를 자유자재로 구사하며 아이들을 가르치는 선생님으로서, 남편은 치과 의사로서 선교지에서 함께 사역을 이어가고 있었다. 그들은 천생연분처럼 서로에게 꼭 맞는 존재였다.

그 눈물이 찬양이 되기까지

이 부부는 하나님께서 미리 준비하시고, 그분의 뜻에 따라 당신의 도구로 쓰임 받는, 선택된 그릇이었다. 선교사님은 의사로서 번 물질과 달란트를 선교지에서 낯선 이들을 위해 사용하고 계셨다. 부부의 네 자녀들도 어려서부터 선교지를 따라다니며 자라서 그런지 어린아이인들데도 한 번도 칭얼거

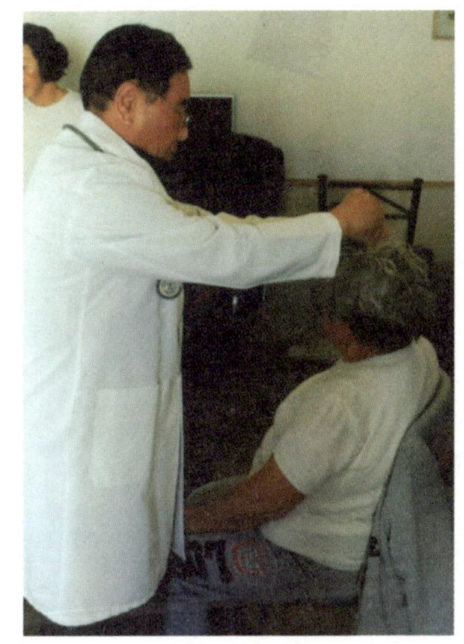

리지 않았다. 언제나 맑은 웃음으로 선교지를 방문한 학생 언니들의 사랑스러운 재롱둥이 역할을 톡톡히 해냈다.

의사들은 온종일 힘든 진료를 하고서도, 세 대의 버스를 직접 운전하며, 왕복 열 시간이 넘는 길을 달려 마지막 선교 현장을 찾아갔다. 이날 우리가 멕시코를 떠나기 전, 현지인들과 함께 드린 마지막 예배는 복음을 전하는 이나 받는 이나 하나가 된 이번 선교의 클라이맥스였다.

스페인어와 영어로 진행된 우리의 예배는 학생들의 찬양과 율동으로 시작되었는데, 아벨의 제사처럼 하나님께서 기쁘게 받으셨을 거라는 확신이 들 만큼 은혜가 넘쳤다. 젊은이들의 활기차고 생동감 넘치는 찬양을 들으며, 피곤함에 지쳐 있던 내 영혼과 육체가 새 생명을 얻은 것 같았다. 이 소중한 사람들 속에 넣어주신 하나님께 마음

속 깊은 곳에서 우러나오는 감격으로 감사드렸다.

우리와 함께한 스페인 청년은 선교사님이 영어로 전하는 열정 넘치는 설교를 한 시간 동안 끊임없이 스페인어로 통역했다. 후에 알게되었는데, 한때 갱단원이었으나 선교사님의 사랑과 보살핌을 통해 새사람이 되었다고 한다. 그는 자기 가슴에 새긴 문신을 보여주며, 그의 옛 삶의 흔적을 이야기했다. 이제 그는 선교사님의 영적인 아들로서, 그의 오른팔이 되어 어디든지 함께하며, 바울의 통역관이었던 의사 누가처럼 없어서는 안 될 귀중한 사역자로 교회를 섬기고 있다.

예수님 안에서 교파를 초월하여서 한 믿음과 한마음으로 하나가 된 우리 선교단은 모두 협력하고 합심하여 하나님의 선하신 뜻을 이루어드리기 위해 노력했다. 하나님의 말씀을 전하며, 하나님께서 주신 복을 나누는 선교사님 가족에게도 하나님의 축복이 더욱 더 넘치기를 기도한다.

미국을 비롯한 외국 선교사들은 19세기 당시 서구 세계에는 알려지지 않았던 조선을 찾아와 목숨을 걸고 복음을 전했다. 결핵 등의 전염병으로 수많은 사람이 죽어가던 이 시기에, 윌리엄 제임스 홀을 비롯해 수많은 선교사가 이를 퇴치하고자 큰 역할을 했다.

선교사들은 당시 문맹률이 거의 90%에 달했던 한국인들을 위해 많은 학교도 세웠다. 그중 일부가 1885년 미국 감리교 선교사 헨리 아펜젤러 목사가 세운 배재 학교, 1886년 미국 북장로회 여성 선교사 메리 스크랜튼이 세운 이화 학교, 그리고 1915년 미국인 선교사 호러

그 눈물이 찬양이 되기까지

스 그랜트 언더우드가 설립한 연세대학교이다.

우리도 예수님이 온 도시를 두루 다니시며 가르치시고 천국 복음을 전파하시고 모든 병과 약한 것을 고치신 치유 사역을 본받아 그대로 나누어주기를 힘쓴다. (마9:35)

이제, 한국은 미국에 이어 두 번째로 많은 선교사를 파송한 나라로, 오지를 찾아 복음을 모르는 사람들에게 우리가 받았던 구원의 복음을 전하고, 병을 고쳐주면서 우리가 받은 사랑을 돌려주고 있다.

09 멕시코의 엔세나다와 티화나

　신학대학원 졸업 후 교회에서 전도사로 섬기며, 멕시코 선교를 다녀온 후에 선교의 물꼬가 한 번 터지니, 그 후 여러 가지 방법으로 선교에 동참하게 되었다. 교회의 요청으로 선교지에 가려는 권사님들에게 미용을 가르치기도 했는데, 주중에는 마네킹을 교회로 가져가서 머리 자르는 법을 가르치고, 주말이면 권사님들과 함께 멕시코에 가서 봉사했다.

　매주 토요일이면 교회에서 새벽 기도 모임을 가진 뒤, 세 대의 버스로 나누어 타고 선교지인 멕시코의 엔세나다Ensenada와 티화나Tijuana로 향했다. 지금은 휴대폰 덕분에 차를 나누어 타고 목적지로 가는 것이 편한 세상이 되었지만, 처음 멕시코 선교를 시작할 때는 길을 잃지 않으려고 앞서가는 사람과 뒤따르는 사람이 워키토키로 대화를 주고받으며, 서너 시간을 달려 멕시코 국경을 넘곤 했다.

　멕시코에 도착해서, 맥도날드 레스토랑의 화장실에 들어갔는데 암모니아 냄새가 강하게 코를 찔렀다. 초등학교 시절 학교 공중화장실에서 맡았던 그 특유의 냄새였다. 순간, 나도 모르게 "욱"하며 손으

그 눈물이 찬양이 되기까지

로 코를 막았다.

"왜 이곳은 이렇게 냄새가 나지?"

혼자 중얼거리고 있는데, 옆에 있던 한 집사님이 조용히 한마디 하셨다.

"여기는 멕시코잖아요."

그때야 나는 깨달았다.

'아! 그렇구나! 같은 북미 대륙이지만, 국경 하나를 넘었는데, 이렇게 다른 세상이구나……'

그 차이를 직접 체험하며, 한 대륙 안에서도 이렇게 다양한 환경이 있다는 사실이 새삼 놀라웠다.

우리가 가는 빛나는 항구 도시 엔세나다는 바하 캘리포니아에 있는 한 도시로, 유럽인들과 미국인들이 사랑하는 곳이다. 매년 약 4백만 명 이상이 방문하는데, 바다, 숲, 공원, 아기자기하게 예쁜 마을 등 볼거리가 가득하다. 미국의 1번 고속도로인 퍼시픽 코스트 하이웨이가 눈부신 캘리포니아의 태양과 함께 바닷가를 달리는 세계 최고의 드라이브 코스인 것처럼, 멕시코의 엔세나다로 가는 길도 끝없는 파도와 멋진 곳마다 멈춰 세우게 하는 비스타 포인트vista point가 즐비한 아름다운 길이다.

그러나 왼쪽에는 나무 하나 없는 벌거숭이 산에 무너져가는 집들이 듬성듬성 보이고, 쓰레기 더미가 산처럼 쌓여 있었다. 사방에는 집을 짓다 만 건물들이 앙상한 뼈대만 남아 있어, 그 모습을 볼 때마다 안타까웠다. 이토록 넓은 땅을 가진 나라가 정치적인 문제로 가난한 나라가 됐다는 이야기를 듣고 마음이 무거워졌다. 내일에 대한 걱정 없이 파티와 오락을 즐기면서 현재만을 살아가는 사람들이 많아서 그런 것일까? 그 이유에 대한 궁금증이 머릿속을 떠나지 않았다.

삼백 년 동안 스페인 통치 아래에서 살다 보니, 멕시코 사람 중에는 삶에 대한 도전이나 책임감이 부족한 사람도 종종 있는 것 같았다. 예를 들어, 어떤 멕시칸 직원은 미국에 와서 세탁소에서 열심히 일하다가 돈이 조금 모이면 아무 말 없이 멕시코로 돌아가 버린다고 한다. 그리고 돈이 다 떨어지면 아무 일 없었다는 듯이 다시 주인을 찾아온다. 그러나 일할 때는 힘도 좋고 잘해서, 한인 주인들은 또다시 일을 시킨다.

한국이 이만한 땅과 자원을 가졌다면, 아마도 세계에서 넘볼 수 없는 강국이 되었을 텐데……. 이런 현실을 바라보고 있자니 참으로 안타까웠다. 이곳에서는 아이들도 학교 가야 할 시간에 농장이나 공장에 가서 일해서 돈을 번다. 그러다 보니 교육을 제대로 받지 못하고, 그 결과 일생을 이처럼 가난하게 살아간다. 그런데도 그들은 이런 삶을 특별히 불행하다고 여기지 않는다.

멕시코 사람들은 집을 한 번에 다 짓는 것이 아니라, 돈이 생길 때마다 조금씩 조금씩 공사를 한다. 그래서 집을 짓기 시작하면 일 년이 걸릴 수도, 십 년이 걸릴 수도 있다. 집을 짓다가 중단된 시멘트 바닥 위에 커튼을 치고 그 안에서 생활한다. 길거리를 돌아다니는 개

그 눈물이 찬양이 되기까지

들도 하나같이 삐쩍 말라 뼈만 앙상하다. 그런데도 멕시코 국민은 파티를 좋아하는 사람들이어서, 표정이 항상 밝고 긍정적이다.

멕시코로 갈 때는 국경을 쉽게 넘어갈 수 있지만, 미국으로 돌아올 때는 국경에서 검문이 매우 심하게 이루어진다. 하루에도 수십 명이 차 트렁크 속에 숨어서 미국으로 입국하려고 시도하기 때문이다. 그래서 우리는 몇 시간을 기다려야 검문소를 빠져나올 수 있었다.

사정이 이렇다 보니 우리는 멕시코에서 항상 해가 지기 전에 의료 보따리를 싸야 하는 안타까운 상황에 부닥치게 된다. 국경만 아니면 더 늦게까지 한 사람이라도 더 치료해 주고 싶지만, 국경에서 검문 시간이 너무 지체되거나, 혹여 우리 일행 중에 영주권을 가지고 오지 않은 사람이라도 있는 경우는 조사가 끝날 때까지 몇 시간이고 밤늦게까지 기다려야 한다.

멕시코 현지에 도착하면 우리는 뜨겁게 예배를 드린 후에 봉사활동을 시작한다. 예배 후, 한쪽에서는 미국에서 준비해 간 재료로 정성껏 만든 샌드위치와 핫도그를 나누어준다. 어떤 사람은 자신은 특별한 재주가 없어서 선교를 가고 싶어도 못 간다고 한다. 하지만 현지에 가서 샌드위치를 만드는 일, 미용사

가 머리를 손질해 줄 때 옆에서 머리카락을 쓸어주는 일, 아이들과 함께 놀아주는 일 등 모든 것이 선교사역이다.

우리는 진료가 끝난 사람들에게만 음식을 나누어준다. 그렇지 않으면, 사람들이 먼저 먹으려고 눈이 음식에 가 있어서 진료가 제대로 되지 않기 때문이다. 때로는 너무 늦어져서, 머리를 자르려고 길게 줄을 서서 마냥 기다리고 있는 아이들에게 미안한 마음이 들 때가 한두 번이 아니다.

땀이 비 오듯 쏟아지고, 흙먼지를 뒤집어쓰며, 머리카락이 눈과 코로 들어가 캑캑거리기도 하지만, 힘든 줄 모르고, 지칠 줄도 모르고 일할 수 있는 것은 하나님께서 힘을 주시기 때문이다. 기다리는 사람들을 생각하면 점심 먹을 겨를도 없을 정도로 바쁘다. 정말로 내가 하는 일이 아니라 성령님께서 하시는 일임을 깊이 느낀다. 더구나 이 일을 기쁨으로 할 수 있다는 것이 정말 감사하다.

그 눈물이 찬양이 되기까지

매주 멕시코 선교를 다니다 보니, 이제는 현지인들도 누가 정말 실력있는 기술자인지 알아보고 내 줄에만 서기도 한다. 그리고 눈치 빠른 사람들은 현지선교사님이 줄을 서는 쪽으로 가서 기다리기도 해서 사람 사는 방법은 어디서든 다 비슷하다는 것을 느끼게 된다.

의사 선생님은 이곳저곳 아픈 곳을 물어보고 처방을 해주면, 약사 선생님이 약을 나누어준다. 그러나 치과 의사나 한의사, 미용사는 한 사람, 한 사람을 직접 돌봐야 한다. 고아원을 방문해 보면 아이들이 머리를 감지 못해서 떡이 지고, 심지어 이가 뚝뚝 떨어지기까지해 그 모습이 마치 우리나라의 6·25전쟁 이후의 상황과도 비슷하다.

우리는 정성껏 디디티를 뿌려주고, 머리를 깎아준다. 그런데도 그것이 전혀 더럽거나 징그럽다는 생각이 들지 않는다. 오직 하나님의 은혜로 가능한 일이다. 그리고 항상 "예수님은 너를 사랑한단다"라고 말하며, 아이들을 따뜻하게 안아준다. 지금은 전도보다는 봉사만

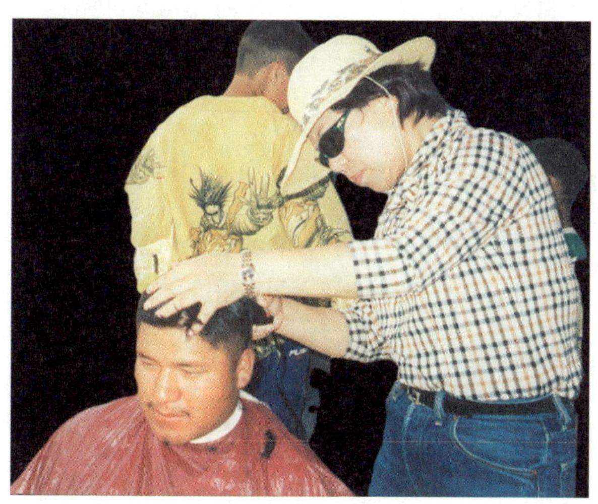

하고 돌아오는 것처럼 보이지만, 가랑비에 옷 젖듯이 이 아이들의 마음속에 예수님이 들어가 계실 것이다. "주님, 이 아이들의 길을 열어주소서"라는 기도를 늘 마음에 품으며, 그들의 삶에 하나님의 사랑이 스며들기를 간절히 바란다.

멕시코는 미국에서 가장 가까운 곳이라 선교를 다니기에 가장 수월한 나라이다. 하지만 문제는 선교를 떠날 때 무엇인가를 가져가야 사람들이 잘 모인다는 것이다. 그게 없다면, 사람들의 관심을 끌기 어렵다. 선교는 기도, 영적 전쟁, 순교가 모토이지만 역시 선교는 돈이 있어야 한다. 사람들이 선교하는 데 돈을 쓰면 안 된다고들 하지만 성경 말씀에도 쓰여있다.

"또 주린 자에게 네 양식을 나누어 주며 유리하는 빈민을 집에 들이며 헐벗은 자를 보면 입히며 또 네 골육을 피하여 스스로 숨지 아니하는 것이 아니겠느냐"(사 58:7)

언제부터인가 선교를 다녀오면, 나는 열심히 미장원에서 선교 보고를 한다. 미용사들도, 손님들도 그 이야기를 꽤 진지하게 듣는다. 언젠가는 우리 미용사들도 나와 동참하리라는 믿음을 갖고 나는 열심히 선교 보고를 했다.

그 눈물이 찬양이 되기까지

10 멕시코 선교사 방문

오래전, 내가 전도사 시절에 함께 교회를 섬기던 이종식 집사님이 신학교를 졸업하고 정식 선교사가 되셨다. 멕시코 선교에 대한 갈망이 컸었던 그분은 결국 원하던 대로 멕시코 선교사로 나가서 사역을 잘 감당하고 있다는 이야기를 들었다.

그런데 그 선교사님이 자기가 다니던 교회에 선교사 파송을 요청했지만, 교회가 이를 거절하여 결국 선교사님은 홀로 자비량으로 멕시코로 가서 사역을 시작하셨다. 나중에 다른 교회에 파송을 부탁, 많은 회의를 거쳐 지금의 교회에서 정식으로 선교사 파송을 받게 되었다.

내가 선교팀과 함께 멕시코 이종식 선교사님을 만나러 가게 된 날, 가슴이 설레고 떨렸다. 엔세나다를 지나 쎈퀸틴San Quentin으로 가는 길에 펼쳐지는 아름다운 비치beach는 정말 경이로웠다. 꽃무늬가 가득한 조개껍질, 인적이 드문 바닷가에서 맞는 붉은 노을, 흙길을 걸어가다가 눈 앞에 나타나는 모래 언덕을 지나면 드넓은 바다가 가슴으로 안겨든다. 풍경이 정말로 눈부시게 아름다운 그 땅을 잘 관리하지 못하는 것 같아서 지나갈 때마다 "이 산지를 내게 주소서!"하는 기도가 절로 나온다.

쎈퀸틴의 한쪽에는 아무것도 없는 가난한 사람들에게 유일한 생존 수단인 농장깜뽀이 있다. 그들은 토마토 농장에서 온종일 힘들게 일하면서도 우리가 상상할 수 없을 정도로 저렴한 임금을 받으며, 굶주림을 면하기 어려운 환경 속에서 살아간다. 선교사님은 그런 환경으로 들어가서, 가난과 마약에 찌든 사람들에게 집과 일자리를 만들어 주기 위해 헌신하고 계셨다. 사모님은 몸이 약해 아직 아이들과 함께 미국에 머물며, 주말마다 서로 왕래한다고 하셨다. 선교사님은 맨땅에 헤딩하듯, 자신의 스타일대로 선교지를 일구어 나가셨다.

선교사님은 집사 시절부터 선교의 열정을 가지고 매주 멕시코에 가서 집을 지어주셨다. 하나님께서는 그런 선교사님의 열정과 비전을 보시고, 물불을 가리지 않고 뛰던 그를 통해 결국 큰 역사를 일으키셨다. 한 번은 그 지역에 큰비가 와서 다리가 무너졌는데, 선교사님은 자신의 몸을 아끼지 않고 다리 공사를 도와주셨다. 그 모습을 본 멕시코 까멜루 시장이 감사의 표시로 그 지역 지주를 소개해 주었고, 이 인연으로 선교지의 광활한 땅을 얻게 되었다.

그리고 그 황무지 땅에 선교사님은 교회, 신학교, 기술학교, 병원, 살림집까지 조금씩 차근차근 지어가셨다. 그뿐만 아니라, 맨손으로 우물을 파고 있었는데, 아직 물은 나오지 않았지만, 깊은 구덩이를 파 놓은 모습을 보고 우리 모두 놀랐다. 기계로도 힘든데, 이렇게 깊이 파 놓으신 그 열정에 감탄을 금치 못했다.

선교사님은 도무지 믿기지 않을 정도의 헌신으로 황무지를 아름다운 선교의 터전으로 일궈 놓으셨다. "선교사님 대단하시네요"라고 했더니, 선교사님은 "아니, 하나님이 대단하시죠" 하며 씨익 웃으신다. "저희가 미국에 돌아가서도 도울 게 있을까요?"라고 묻자, "그저 기도나 많이 해주세요"라고 말씀하신다.

선교사님에게서 세상에서 줄 수 없는 기쁨을 보았고, 진정한 기쁨은 전적인 자기 헌신에서 나온다는 것을 깨달았다. 선교는 축복이며, 하나님의 역사는 이렇게 봉사를 통해 이루어진다는 것을 다시 한번 실감했다. 우리가 현지에 있을 때 교회 헌당식을 하게 되었는데, 헌당 예배에 수많은 현지인이 몰려들었다. 선교를 마친 우리는 본 교회로 돌아왔다.

몇 년 후, 선교사님께서 사역하는 선교지를 다시 다녀온 같은 교회의 아브라함 전 집사님이 "저는 멕시코에 가서 선교사님을 본 것이 아니라 예수님을 보고 왔습니다"라고 간증을 하셨다. 집사님의 간증에 나도 모르게 눈물이 주르르 흘렀다. 그 집사님의 마음밭이 천사같으니 예수님을 보고 온 것이다. 그 집사님의 순수한 간증을 잊을 수가 없다.

그 집사님은 나와 함께 우크라이나 선교도 함께 가서 많은 은혜를 주고, 받고 왔다. 집사님은 김 목사님이 가시는 선교지라면 어디든지 함께 가고 싶다고 하였다. 상대방을 기분좋게 만드는 은사가 있는 분이다.

하나님께서 훌륭하게 쓰시는 이종식 선교사님을 처음에는 이 교회, 저 교회가 파송을 마다했던 일들이 떠오른다. 그런 귀한 인재를 놓친 교회가 안타까웠지만, 결국 모든 것은 하나님의 계획이었음을 깨닫게 된다. 어차피 하나님이 하시는 일이라면, 그 어떤 것에 구애받을 필요가 없다.

하나님께서 귀히 쓰시면 그것이 곧 축복이다. 멕시코 선교사님을 파송한 교회는, 선교사님을 통해 하나님이 하시는 일에 동참하는 축복을 받은 교회다. 하나님은 그분의 뜻대로 모든 계획을 이루시고, 그 과정에서 우리 모두에게 깊은 감동과 은혜를 주셨다. 그러므로 우리는 이 모든 일을 이루어 가시는 하나님을 찬양하며 감사할 수밖에 없다.

"보라 내가 새 일을 행하리니 이제 나타낼 것이라 너희가 그것을 알지 못하겠느냐 반드시 내가 광야에 길을 사막에 강을 내리니"(사 43:19)

11 멕시코 할렐루야 태권도 선교회

신학교 후배 선교사님이 멕시코에서 태권도 선교를 한다고 해서 우리 신학교 임원들은 선교사님께 힘을 실어주기 위해 멕시코에 있는 데까떼로 향했다. 그곳은 미국 국경에서도 가장 가까운 곳이어서 우리는 쉽게 국경을 통과해 현지 교회에 도착했다.

교회 강당에 족히 백 명은 되어 보이는 학생들이 모여 하얀 태권도복을 입고 오배균 선교사님의 힘찬 구령에 맞춰 모든 것을 한국말로 따라 하고 있었다.

"차렷", "경례", "준비", "하나 둘 셋"

띠 색깔도 참 다양했다. 노랑 빨강 초록 보라 검정 띠를 두르고 색깔대로 줄을 서서 이단옆차기를 할 때 그들의 표정이 얼마나 진지한지, 눈동자가 반짝반짝 빛이 났다. 송판을 발로 차서 쪼개져 나갈 때면 학생들은 하나같이 자신이 자랑스럽다는 표정을 지었다. 열 살 미만은 학부모가 꼭 동반돼야 한다는 룰에 따라 아들과 함께 와서 태권도를 배우는 아빠도 있었다. 모두 얼마나 진지하게 임하는지 선교사님이 더 위대해 보였고 나도 배우고 싶은 충동을 느꼈다.

선교사님은 한국에서 태권도 사범으로 근무할 때 우연히 할렐루야 태권도 사범 선교 집회에 참석 하게 되면서 예수님을 영접하였다. 신앙생활을 하면서 새로운 삶으로 완전히 바뀐 선교사님을 하나님께서는 국기원 국가대표시범단에 선발 되게 하셔서 전세계 여러나라에 순회 시범 활동을 하며 선교에 대한 꿈과 비전을 품게 하였다.

그는 예수를 믿은 다음부터 인생이 풀리기 시작하며 교회를 다니면서 간증하기 시작했다. 드디어 그는 시범단들과 함께 남미 전역을 다니며 태권도 시범을 보였고 끝내는 하나님께서 미국 땅까지 보내주셨다. 그리고 미국에서 많은 생도들을 키우며 커다란 태권도장을 운영해서 많은 돈을 벌 수 있는 기회가 있었다. 그러나 그는 모든 것을 내려놓고 선교사의 길을 택했다. 하나님은 태초부터 그를 선택하여 태권도를 배우게 하셨고, 신학교로 보내시어 그의 길을 예비해 주셨다.

태권도 사역이야말로 하나님의 나라를 확장하는 것뿐만 아니라 그야말로 대한민국의 위상을 세우는 보물이다. 벽에는 태극기와 멕시코기를 나란히 걸어놓고 한국의 예의범절까지 그대로 한국말로 가르치고 있다. 가슴 뛰게 자랑스러운 장면이다. 이곳에 와서 태권도를 배우는 사람들은 정말 축복받은 사람이다.

우리 아이들에게 어렸을 때 태권도를 가르치고 싶어도 경제적인 여유가 없어서 못 가르쳤는데 이 아이들은 공짜로 먹여주고 가르치고, 태권도복이며 예수님 말씀까지 전하며 그 영혼을 천국에까지 이끌고 있다. 클래스가 끝난 다음에는 선교사님과 담임 목사님이 학생

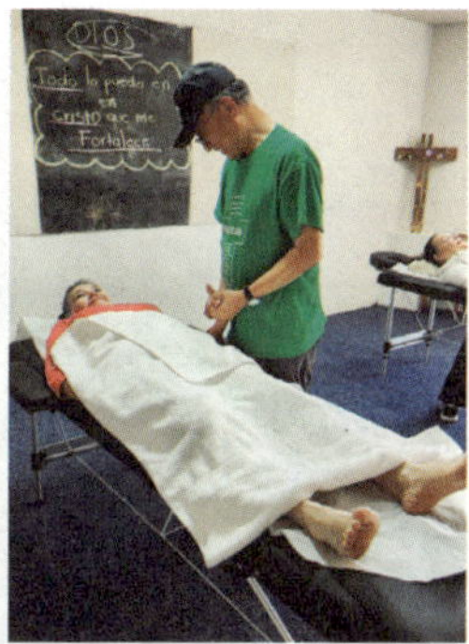

들에게 일일이 노란띠 빨간 띠를 매어주는 행사가 있었다. 그리고 다른 한쪽에서는 한의사 선생님이 진료하는 모습도 보였다.

태권도 사역이 끝난 후 하나님을 찬양하는 예배를 드리고, 맛있는 식사와 함께 여러 가지 선물을 나눠준다. 예수를 믿으면 어느 나라를 가나 우리나라가 그랬듯이 그들을 통해서 그 나라 전체가 축복의 통로가 된다.

그곳에는 특별히 눈에 띄는 부부가 있었다. 유난히 파란 눈을 가진 앤드루와 레베카 선교사님은 미국 미네소타주에서 왔다고 자신들을

소개했다. 그들은 20년 동안 멕시코에서 사역을 하면서 아이들이 열 명이라고 한다. 4명은 멕시코에서 배 아파 낳은 아이들이고 6명은 멕시코에서 입양했다고 하신다.

오늘도 아이들에게 태권도를 가르치기 위해 멀리 떨어진 지역에서 이곳까지 버스를 타고 오셨다고 한다. 덕택에 부인 제시카 선교사님은 영어와 스페인어가 능통하여 완벽한 통역자로 하나님이 사용하고 계셨다. 어디를 가나 "여호와 이레" 하나님은 항상 이렇게 동역자를 준비해 놓으신다.

많은 선교사님은 언어도 다른, 낯설고 열악한 환경에서 내면으로 외로운 싸움을 하면서 기도하며 달려가신다. 그러나 앤드루 선교사님 부부는 아이들이 많아서 그런지 마냥 활기차고 행복하게 보인다.

중앙아메리카 선교

12_도미니카와 아이티

헤쑤 데아마 무쵸!

도미니카 공화국은 스페인의 식민지였고, 인근 아이티는 프랑스의 식민지였다. 두 나라는 같은 섬에 있지만, 언어와 문화가 완전히 다르다. 도미니카 공화국은 스페인어, 아이티는 프랑스어와 크리올어를 사용한다. 아이티는 한때 프랑스에서 독립하고 도미니카를 점령했던 시절도 있었다. 하지만 현재 아이티는 경제적으로 매우 어려운 반면, 도미니카 공화국은 아이티보다는 상대적으로 나은 경제 상황을 유지하고 있다고 한다.

우리가 현지에 도착했을 때 얼마 전에 우리 교회에서 파송한 선교사 사모님의 모습을 보고는 다들 깜짝 놀랐다. 그렇게도 야리야리하고 고왔던 선교사님이 이제는 얼굴도 새카맣게 타서 현지인이 다 됐다. 미국에서 자라, 학교를 졸업한 뒤 결혼했는데, 신혼의 즐거움도 마다하고 남편과 함께 파송 받아 도미니카로 오셨다.

우리는 계획대로 강의도 하고 현지인들과 함께 하나님을 찬양했는데 이 지역 사람들은 마음을 쉽게 열고 복음을 잘 받아들이는 것 같았다. 성찬을 받을 때 흐느끼는 소리가 여기저기서 들리는 것을 보면 그들이 은혜받았음을 알 수 있다. 하나님을 향한 열린 마음으로 찬양하고 예배하는 현지인들을 보는 것이 선교의 큰 기쁨이자 보람이다. 성령님께서 그들 가운데 임하고 계심을 느끼는 순간들이다.

도미니카로 넘어온 아이티 아이들을 보며, '하나님은 왜 죄 없는 저 어린아이들을 이런 고통 속에 내버려두시나?' 하는 의문이 들었다. 그러나 가난과 궁핍, 아이티 지진으로 고통받던 아이들도 하나님을 알아가며 주님을 구세주시라며 찬양하는 모습을 보니 감동이 밀려온다. 시궁창 속에서나, 쓰레기 더미 속에서 맨발로 뛰어놀던 어린이들을 구원하시려고 우리를 이곳으로 보내신 하나님의 계획을 다시한번 깨닫게 되었다. 하나님만이 이땅을 고칠 수 있다.

아이티 아이들은 대부분 부모를 따라 불법으로 도미니카로 넘어온 아이들이었다. 아이들이 자꾸 눕기만 해서 이유가 궁금했는데, 알고보니 배가 고파서 계속 누워만 있다고 한다. 나는 누워있는 아이들에게 준비해 온 샌드위치를 나누어주고 한명씩 끌어안고 안수기도를 해주었다. 아이들 얼굴이 밝아지는 모습을 보며 내 마음도 함께 밝아졌다.

"헤쑤 데아마 무쵸예수님은 너를 많이 사랑해!"

지도자들의 부정부패가 그들을 이렇게 만들었다. 많은 단체가 도움을 주지만, 그들은 감사할 줄을 모른다고 한다. 그러나 주님을 받

아들이는 데에는 그다지 망설이지 않는다. 찬양을 부르는 그들의 모습을 보며 마음이 울컥했다. 현지인들의 힘들고 지친 모습을 보니 마음이 너무 아파 보는 내내 가슴이 미어지고 눈물이 저절로 쏟아졌다. 그럼에도 불구하고, 성령 안에서 그들은 하나님의 자녀, 형제자매가 되었고, 믿음의 선한 싸움을 싸우기를 힘쓰는 크리스천이 되었다.

많은 아이는 여전히 웃음기가 없고, 화가 난 것 같거나 슬픈 얼굴을 하는 것 같았지만, 그래도 미국으로 돌아가려고 선교지를 떠나는 우리에게 가지 말라며 옷자락을 잡아당겼다. 이곳에서 아이들을 통해 진정한 사랑을 배웠다. 가난과 어려움 속에서도 그들의 찬양과 웃음은 내게 큰 도전이 되었고, 선교사로 그들을 찾아간 내 신앙의 깊이가 더욱 깊어짐을 느꼈다. 새로운 사람을 만나는 것은 언제나 흥미로운 일이다. 나는 감사할 일이 너무 많다. 세상에서 누릴 수 없는 이 행복은 하나님께서 주신 것이다.

물질이 있는 곳에 마음이 있듯이 흔히 단기 선교는 '퍼주는 일'이라고 한다. 그러면서도 선교는 물질로 하면 안 된다고 고상을 떠는 사

람들이 있다. 예수님도 헐벗은 자에게 주라고 말씀하셨다.

그러나 단기 선교사들이 떠난 후 선교지에서 사람들을 옆에서 다독여주는 일은 장기 선교사님의 몫이다. 살아계신 하나님을 믿고 변화되기까지 참으로 긴 시간이 걸리지만, 선교사님들은 복음을 받아들인 이들의 믿음이 반드시 장성한 분량까지 성장할 것이라는 꿈을 품고 살아간다. 그리고 믿음이 있든 없든, 한 사람 한 사람을 모아 팀을 이루어 사역한다. 전도지를 돌리며 성령의 역사를 기다린다.

돌아오는 길에 아무리 기다려도 비행기가 뜨지 않았다. 베네수엘라에서도 그랬듯이 좌석이 다 차지 않았다며 비행기에서 내리라고 한다. 어쩔수 없이 비행기에서 내려 선교사님들과 바닷가로 갔다. "도미니카에도 이렇게 아름다운 곳이 있었군요"라며 여리디여린 선교사님이 나를 끌어안고 울음을 터뜨린다.

우리는 카라비안 섬의 한 호텔에 들었다. 야자나무가 우거진 숲을

그 눈물이 찬양이 되기까지

지나 하얀 백사장과 파도가 철썩거리며 만들어내는 하얀 거품, 청록색 에메랄드빛 바다는 너무나도 아름다웠다. 선교지에서는 물도 제대로 나오지 않고 전기도 종종 끊어지는 악조건 속에 있었는데 이곳에 와서 보니 세상이 얼마나 다른지…… 관광객이 찾는 도미니카와 선교사들이 현지인들과 함께 살아가는 도미니카는 이렇게 달랐다.

한나절의 바닷바람에 선교사님은 뼛속까지 피로가 풀린 듯 환한 미소를 지으셨다. 선교사의 길은 이렇게 멀고도 험한 길이다.

"내가 붙드는 나의 종, 내 마음에 기뻐하는 자 곧 내가 택한 사람을 보라 내가 나의 영을 그에게 주었은즉 그가 이방에 정의를 베풀리라"(사 42:1)

13 코스타리카

중앙아메리카에 있는 작은 나라 코스타리카는 스페인계 백인들이 많이 살고 있는 백인들의 휴양지로, 물질적인 풍요 때문에 사람들이 하나님을 의지하려고 하지 않는다. 이런 곳이야말로 사람들의 마음을 여는 일이 얼마나 중요한지 느낄 수 있다.

뜨레스디아스Tres Dias는 공동체 생활 속에서 3박 4일 동안 영성 훈련을 진행하는 프로그램이다. 내가 성당 다닐 때 꾸루실료를 경험했는데 그 프로그램과 똑같은 프로그램이다.

코스타리카에서 이 프로그램이 열리는 장소는 고지대에 있었는데, 선교사의 비전과 후방에서의 물질적 지원이 중요한 지역이다. 선교지를 직접 가보면 그곳의 현실을 제대로 이해하게 된다.

휴양지라고 해서 평온한 것 같지만, 실상은 하루하루가 도전의 연속이다. 이 지역 사회에서 마주치는 다양한 문제들과 맞서 싸우는 일은 결코 쉬운 일이 아니다. 미국에서 이주해 온 노숙자들이 많고, 동성애자의 천국이라 선교가 매우 힘든 곳이다.

뜨레스디아스가 열리는 장소는 푸른 초원으로, 새파란 봄을 맞아

그 눈물이 찬양이 되기까지

새싹이 돋아나는 보리밭처럼 보이는 아름다운 곳이었다. 나무들은 깊고 풍성한 초록빛을 자랑하며, 다양한 꽃들이 파티장처럼 장식하고 있었다. 우리는 한 영혼을 구하기 위해 이곳에 왔다. 그 한 사람이 열 명이 되고, 백 명이 되고, 천 명이 되어 많은 이들에게 전해질 것이라는 믿음을 가지고 봉사한다.

나는 함께 온 단기 선교사들이 예수님을 위해 헌신하며 봉사하는 모습에 큰 은혜를 받았다. 열악한 환경이지만, 서로를 의지하고, 격려하고 사랑의 손길을 내미는 팀 멤버들을 보며, 나도 그들처럼 살아가고 싶다는 마음이 들었다. 선교팀을 이루어 함께 활동하며 선교사역에 동참하는 기쁨은 선교를 나가 보아야 알 수 있다.

강의실이 여러 곳에 흩어져 있어서 강의실마다 이동하기가 쉽지 않았다. 팀 멤버들은 이곳에 열대성 비가 매일 쏟아진다는 사전 정보를 듣고, 비를 대비하기 위해 큰 비닐을 준비해 갔다. 감사하게도 매일 쏟아지는 빗속에서 우레와 같은 천둥과 번개를 피할 수 있도록 하나님께서 우리를 보호해 주셨고, 우리의 길을 인도해 주셨다. 이동할 때는 비가 멈추기도 했지만, 강의하는 시간에 우레와 같은 천둥번개가 치기도 했다. 천둥소리는 마치 탱크에서 포가 터지는 듯한 굉음으로, 전쟁터를 방불케 했다.

딱 한 번 이동시간에 비가 쏟아졌는데, 팀 멤버들이 큰 비닐의 양쪽 끝을 잡고 켄디데이트^{프레스디아스에 참여하기 위해 온 후보자, 이하 켄디}들을 열다섯 명씩 모아 강의실과 예배당으로 이동시켰다. 우리는 장대비를 맞으며 함께 뛰어가며 즐거워했다. 켄디들은 비를 피하기 위해 뛰어가는 것만으로도 더욱 즐거워하며, 비를 피하게 하신 주님의 은혜를 체험하기도 했다. 하나님께서 주신 방법이구나 하는 생각이 들었다.

비를 너무 많이 맞으면 병에 걸려 힘들까 봐, 준비한 비닐을 딱 한 번 사용하게 하시며 하나님은 우리 모두에게 더 큰 은혜를 부어 주셨다. 우주 만물을 주관하시는 주님의 놀라운 역사를 느낄 수 있었다. 코스타리카의 비는 그냥 비가 아니다. 하늘 문이 열린 듯이 폭포수처럼 쏟아진다. 노아의 홍수 때도 이런 비가 내렸을까 하는 생각이 들 정도였다. 날이 습하고 하루 종일 비가 왔다 갔다 하니 속옷 말리기도 어려웠다. 결국 눅눅한 속옷을 각자의 체온으로 말려야 했다.

셋째 날, 각 교회 교인들이 몰려와서 큰 강당에서 치유 집회를 개최했다. 여러 지역에서 많은 병자와 노숙자들이 모여들었다. 아침부터 시작된 집회는 저녁이 되어도 끝날 줄 모르고 계속되었고, 그 과정에서 많은 병자가 치유받는 놀라운 일이 일어났다. 허리가 아파 휠

체어를 타고 왔던 사람이 예수의 이름으로 벌떡 일어나고, 잘 들리지 않던 귀가 열리며, 중풍 환자가 다시 걷는 기적이 일어났다. 이들은 모두 베데스다 연못에서 물이 동하기만을 기다리던 38년 된 병자 같은 이들이었다. 이들에게 결코 외면치 않으시는 하나님의 사랑이 계속되었다.

노숙자들이 많았기에 귀신 들린 사람들도 많았다. 우리는 그들에게 둘러서서 안수해 주고 보혈의 노래를 부르며 "예수의 피밖에 없네!"를 외쳤다. 나는 팀을 향해 손을 올리고, 더 크게 하라고 손짓했다. "보혈, 보혈, 내 주의 보혈은 정하고 정하다." 그러자 귀신 들린 남자의 눈동자가 돌아가더니 갑자기 쓰러졌다. 그는 바닥에서 뒹굴며 입에서 거품을 내뿜기 시작했다. 귀신을 내어 쫓으신 하나님의 역사가 우리를 놀라게 했다.

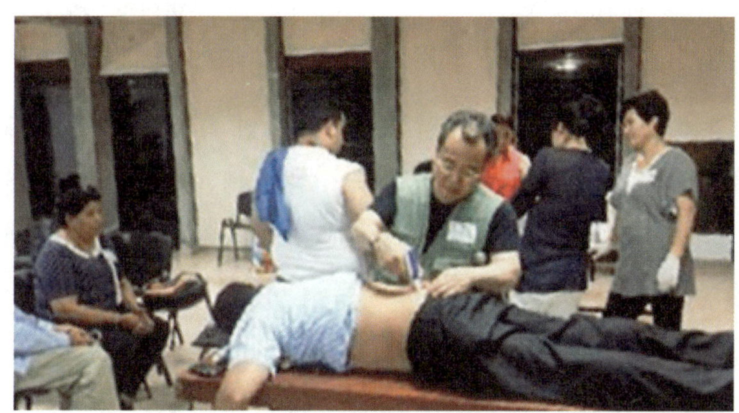

기도하는 중에 성령님의 강력한 음성이 내게 임했다.

"라니야, 네가 가서 저 권사님을 만져주고 기도해 줘라.
너는 할 수 있다."

눈을 들어보니, 우리 교회에서 오랫동안 중풍을 앓고 있는 그 권사님이 눈에 띄었다. 순간 나는 벌떡 일어나 달려가서 "권사님, 제가 기도해 드릴게요"라고 말하였는데 권사님은 등을 돌리며 피해 버렸다.

나는 너무나 당황했지만, "믿는 자에게 이런 표적이 따르리니, 곧 저희가 내 이름으로 귀신을 쫓아내며 새 방언을 말하며, 뱀을 집으며, 무슨 독을 마실지라도 해를 받지 아니하며, 병든 자에게 손을 얹은즉 나으리라"(막 16:17-18)는 말씀을 믿고 권사님을 쫓아갔다. 그러나 끝내 그녀는 나의 기도를 받지 않았다. 예수님도 자신이 자란 동네에서 배척받으셨듯이, 너무 가까이 있다 보니 미덥지 않았던 모양이다.

경험이 많건 적건, 여종이건 남종이건, 담임 목사건 아니건 간에, 명색이 나도 하나님이 기름 부어 주신 목사인데, 무엇이 잘못되었는지를 생각하며 다시 한번 하나님께 엎드려 기도했다. 주님의 종인 목회자가 기도해 준다는데 받아야 하는 거 아닐까? 인도 사람들은 수많은 신을 믿으면서도, 기도해 준다고 하면 이마에 빨간 빈디Bindi라는 점을 찍고 베일을 쓰고라도 나와서 축복을 받는다.

내가 신학교에 다닐 때였다, 어린아이가 둘이나 있는 학우 전도사님이 몹쓸 병에 걸렸다는 소식을 듣고는 그 길로 그의 집으로 달려가서 온 힘을 다해 기도해 주었다. 지금도 그렇지만 그때만 해도 기도하는 법도 제대로 몰랐다. 그저 두서없이 전도사님을 붙잡고, "주님, 우리 전도사님 살려주세요! 살려주세요!" 하며 눈물로 기도했다.

당시 그 전도사님은 영주권도 없고 의료보험도 없어 치료를 제대로 받지 못하는 안타까운 상태였다. 그 후에 그 전도사님이 한국으로 돌아갔다는 소식을 들었지만 죽었는지 살았는지, 그에 관한 소식은 전혀 없었다.

그러던 어느 날, 한국 은혜 신학교가 시작되어 그곳을 방문했는데, 누군가 "라니 전도사님!" 하며 두 팔을 벌리고 내게 달려왔다.

"어? 임전도사님, 어쩐 일이에요? 살아계셨군요!"

"네, 그때 전도사님이 기도를 빡세게 해주셔서 이렇게 멀쩡하게 나았답니다."

우리는 두 손을 마주 잡고 아이들처럼 펄쩍펄쩍 뛰며 기뻐했다. 그도 나도 이제는 어엿한 목사가 되었다. 임 목사님은 한국 은혜교회에서 김광신 목사님의 비서로 근무하고 있다고 했다.

선교지에서 크고 놀라운 하나님의 은혜와 역사가 일어나지만, 항상 좋은 일만 있는 것은 아니다. 때로는 영적 전쟁이 매우 심각하다. 믿는 자들조차 미혹하려는 사탄의 방해는 끝이 없었다. 영적 전쟁에서 승리하려면 기도와 말씀으로 무장하고 전신갑주를 입어야겠다고 다짐했다.

"마귀의 간계를 능히 대적하기 위하여 하나님의 전신 갑주를 입으라"(엡 6:11)

그 눈물이 찬양이 되기까지

영적 전쟁 속에서도 은혜받고 할렐루야를 외치며 두 손을 높이 들고 껑충껑충 뛰는 후보자들의 모습을 보며 나는 하나님께 진정으로 감사와 영광을 돌렸다. 선교지에서 매번 실시하는 TD지만, 후보자들은 이 프로그램에서 처음으로 천국을 맛보았기에 감동을 받고 하나님의 깊은 사랑을 체험한다. 그리고 모든 것을 내려놓고 오직 주의 뜻을 따라가기를 결단한다. 성찬식 때는 기쁨과 회개의 눈물로 흐느끼는 소리가 예배당을 가득 메운다. 그들을 당신이 원하는 섭리와 계획 속으로 이끄실 주님을 찬양한다. 선교지를 다닐 때마다 그들의 웃음보다는 흐느낌이 더 심금을 울린다.

코스타리카에는 아레날 화산 폭발로 만들어진 천연 온천들이 많다. 아레날 화산은 아직도 활동 중이라서 밤에 보면 불꽃놀이를 보듯 불이 타오르는 화산을 직접 볼 수도 있다고 한다. 또 산속에는 마치 동굴처럼 보이는 아름다운 온천들이 있는데, 돌아오는 길에 화산 온천수로 온몸에 쌓인 피로를 모두 풀었다.

"참 아름다워라! 주님의 세계는"을 목이 터져라 부르고, 하나님을 찬양하며, 처음 하나님의 사랑을 체험한 코스타리카 사람들이 믿음의 반석 위에 잘 서 나가기를 간절한 마음으로 기도하고, 또 기도하면서 돌아왔다.

"여호와께서 너희의 땅에 이른 비, 늦은 비를 적당한 때에
내리시리니 너희가 곡식과 포도주와 기름을 얻을 것이요"
(신 11:14)

14 파나마

영적 전쟁이 심한 그곳

우리가 파나마를 방문한 날, 거대한 현대 상선이 태평양과 대서양을 연결하는 파나마 운하로 들어오는 게 아닌가? 배에는 "대한민국 만세!!!"라는 글귀가 쓰여 있어서 우리는 기쁨의 환호성을 외쳤다.

우리 선교팀이 파나마의 아마존강 지류를 따라 인디오 사람들을 만나러 카누를 타고 가는 길은 멀고도 험했다. 그러나 그곳 어린이들을 만나 율동도 가르쳐 주고 그림책과 색연필을 나누어 주며 함께 그림을 그리면서 예수님의 사랑을 전했다.

그 눈물이 찬양이 되기까지

　베네수엘라의 선교사님은 서울에서 파송교회 목사님의 중매로 결혼한 커플이다. 처음 우리가 베네수엘라에 갔을 때, 아직 어리고 총각 같던 선교사님이 지금은 스페인어로 설교하고 찬양을 하는 든든한 지도자가 되셨다. 선교사님의 아이들도 벌써 다 커서 대학생이 되었고, 선교사의 길을 걷고 있었다. 영적 전쟁이 심한 그곳에서 선교사님 부부는 끝까지 하나님을 붙잡고 현지인들을 돌보고 파나마를 오가며 선교하신다.

　이제는 미국 여권으로는 베네수엘라에 들어갈 수도 없게 되었지만, 그들은 여전히 하나님의 뜻을 따르며 사역을 이어가고 있다. 선교사님 부부는 대학교 캠퍼스에 들어가 전도하며 만난 대학생들을 꾸준히 교회로 초청하여 하나님을 영접하게 하고, 함께 찬양하며 성경 공부를 가르치신다. 또한, 그들은 지경을 넓혀 콜롬비아까지 가서 학교를 세우고 사역하고 있다. 위기가 기회가 된 셈인데, 가는 곳마다 적은 돈으로 건물을 사서 학교를 세우고 현지인들을 돕고 계신다.

그리고 현지인들이 더욱 신실한 하나님의 일꾼이 되게 하려고, 늘 하나님의 은혜 가운데 머물도록 기도하신다. 모든 일은 성령님의 전적인 도우심이 있어야 한다. 교회를 통해 베네수엘라가 변화되고, 우리도 다시 그곳을 방문할 수 있도록 하나님께 기도하고 있다.

"이와 같이 주께서도 복음 전하는 자들이 복음으로 말미암아 살리라 명하셨느니라"(고전 9:14)

5부

남아메리카 선교

15 베네수엘라
무표정한 그들이 눈물을…

　우리 팀은 선교를 갈 때마다 위험을 무릅쓰고서라도 현지에서 구할 수 없는 물건들을 미국에서 미리 구매해 간다. 그때마다 공항 검색대를 무사히 통과할 수 있게 해 달라는 기도를 하고 떠난다. 베네수엘라에서는 현지 군인의 도움으로 짐들이 모두 무사히 통과할 수 있었다.

　공항을 무사히 빠져나온 우리는 현지 선교사님이 대기해 놓은 버스를 타고 꼬불꼬불 산길을 올라갔다. 산꼭대기에 가까워지니, 마치 크리스마스 조명 같은 환한 불들이 켜져 있었다. 세계에서 두 번째로 석유가 많이 나는 나라인 베네수엘라에서는 국민들이 에어컨을 팡팡 틀고 산꼭대기까지 전기를 끌어 올려 꽃을 키우고 있었다. 꽃을 키워 장에 팔면 전기세보다 더 많은 수익을 낼 수 있어서, 꽃을 재배하고 있는 산 중턱에서는 밤에도 환한 불을 켜놓는다고 한다. 너무나 아름다운 산장에 도착했다. 마치 휴양지로 휴가를 온 느낌이 들었다. 아직 후보자인 현지인들이 도착하지 않았기에 우리는 다음날 있을 행

사를 준비하며 바쁘게 움직였다. 팔랑카Palanca-테이블 세팅 등나 데커레이션은 현지인 팀이 거의 다 해놓았다. 아름다운 이 산장에는 모든 강의실이 다른 건물에 있었다. 강의실을 이동할 때마다 후보자들이 영의 양식을 쌓고 있는 동안 우리는 그들을 위해서 육의 양식을 준비한다. 백 개가 넘는 계단을 오르내리며 힘든 줄 모르고 땀을 뻘뻘 흘리면서도 기쁜 마음으로 현지인들을 섬겼다. 후보자들의 영혼들이 주님이 주시는 기회를 놓치지 않고, 변화를 받아 우리와 같이 믿음의 싸움을 싸우는 사람들이 되길 소망했다.

아르헨티나와 브라질에서는 사람들이 얼마나 열정적으로 하나님을 찬양하는지, 성령 하나님이 우리의 머리 위를 운행하시는 것처럼 느껴졌다. 그러나 베네수엘라에서는 사람들이 박수를 칠 때 손바닥을 비스듬히 한 채 형식적으로 치고 있었다. 이미 사회주의로 변해져 버린 그들은 표정도 잃어버리고 암울한 모습으로 앉아있었다. 그러나 처음에는 무표정 하게 힘없이 박수를 치던 사람들도 말씀을 듣고 찬양하는 중에 성령 하나님의 임재를 느끼게 되었다.

우리는 금세 한 형제, 한 자매가 되어 손을 맞잡고 서로가 한마음이 되어 시간 가는 줄도 모르고 하나님을 찬양했다. 식사 시간에도 서로 먼저 먹으라고 수저로 음식을 전달하니, 우울하고 암울했던 그곳이 금방 천국처럼 변했다. 그날 행사가 끝날 무렵, 모든 사람이 성령에 취해 기도하고 무릎을 꿇고 펑펑 울기도 했다. 우리는 함께 기도하며 서로의 눈물을 닦아주었다. 하나님은 그분이 기뻐하시는 선한 뜻을 깨닫게 된 사람들을 축복하셔서 베네수엘라를 향해 가지신 당신의 뜻을 이루고 계셨다.

모든 프로그램을 마친 후 우리는 미국으로 돌아오기 전에 베네수엘라 시내를 구경하러 나갔다. 진주가 워낙 싸서 길거리에서 진주를 사기도 하고 해변을 거닐며 즐거운 시간을 보냈다. 하지만 십 년 후 다시 그곳을 가보니, 차베스 대통령은 죽고 그 후계자로 니콜라스 마두로가 대통을 이었는데 가게에 물건은 없고 사람들은 길게 줄을 서서 마냥 기다리고 있었다. 물건을 파는 사람은 무엇을 팔아야 하는지 모르고, 사는 사람은 뭔가 하나라도 살 수 있을까 해서 기다리는 상황이었다. 베네수엘라도 차베스 대통령 때 나라에서 포퓰리즘 정책에 따라 무상으로 퍼주다 보니 사람들이 그것을 믿고 일을 하지 않게 되었고, 아르헨티나보다 경제상황이 더 심각한 나라가 되어버렸다.

몇 년 후 또다시 베네수엘라를 방문했을 때, 이번에도 비행기에서 내리라는 통보를 받았다. 좌석이 다 차지 않아서 비행기가 뜰 수 없다는 것이다. 정말 속수무책이었다. 그리고 또 몇 년 후에 갔더니, 비자 비용을 엄청나게 올려놓았다. 폭탄 세금을 물지 않으려면 미국 내에서 비자를 받으러 샌프란시스코까지 가야 하고 전기세 영수증, 물값, 은행 잔고까지 모두 제출해야 했다.

우리는 그 절차를 마다하지 않고 베네수엘라를 다시 한번 섬기겠다는 마음으로 그들이 원하는 모든 것을 준비했다. 그러나 이번에도 비행기가 없다고 모든 일정을 취소하는 긴급 상황이 발생했다.

그 눈물이 찬양이 되기까지

정말 어처구니가 없었다. 항공사가 빚을 많이 져서 그 나라에는 비행기가 오지도 않는다고 했다. 지도자를 잘못 선택하면 나라가 이렇게 망가진다는 것을 새삼 깨닫는다. 그리고 미국 시민권자는 입국도 못 하게 만들었다.

선교사님이 뿌리는 복음의 씨앗을 통해서 베네수엘라 현지인들 가운데서 믿음의 사람들이 더욱 많아지기를 바란다. 그리고 그들의 뜨거운 전도와 눈물의 헌신을 통해서 하나님이 참으로 살아계시며, 때를 따라 필요를 채워주시는 분이심이 전 국민에게 증거될 수 있기를 소망한다.

"보라 하나님은 나의 구원이시라 내가 신뢰하고 두려움이 없으리니 주 여호와는 나의 힘이시며 나의 노래시며 나의 구원이심이라"(사 12:2)

16 _ 콜롬비아

콜롬비아는 남아메리카에서 네 번째로 큰 나라로, 수도 보고타는 세계에서 가장 높은 지역에 있는 대도시이다. 나는 콜롬비아를 이번에 처음 방문했는데, 베네수엘라의 선교사님들이 일부러 콜롬비아까지 오셔서 현지인들의 영성을 위한 모든 준비를 함께 해주셨다.

선교를 다니다 보면 복음의 전파를 막으려는 사단의 방해가 얼마나 심한지를 알게 된다. 선교를 떠나기 전부터 갈등이 심했다. 내가 가르치는 신학교의 졸업식이 선교 일정과 겹칠까 염려되었는데, 다행히 겹치지는 않았지만 선교를 떠나기 전에 내가 소화해야 할 일정이 워낙 빠듯했다. 그래서 나는 장로님과 총무님에게 선교에는 동참하겠지만 팀 미팅에는 참석할 수 없다고 미리 말씀드렸다.

그런데 팀 미팅 날, 평소 가깝게 지내던 권사님이 내게 함께 참석하자고 하여 사정을 설명했으나 권사님은 팀 미팅에 참석하지 않은 사람은 선교를 갈 수 없다며 화를 내었다. 나는 권사님의 태도에 실망하여 포기하려 했으나 팀 멤버가 부족하다고 해서 억지로 콜롬비아 선교에 동참하게 되었다. 기도가 부족한 탓인지 결국 일이 엉망이

그 눈물이 찬양이 되기까지

되어버렸다. 영적으로 온전하게 준비하고, 주님의 인도하심을 구하면서 진행해도 어려운 것이 선교인데 이번에는 더욱 쉽지 않겠다는 생각이 들었다.

나는 우리 팀과 다른 비행기를 탔는데 내가 탄 비행기가 휴스턴에서 폭풍으로 마구 흔들리더니, 좌석에 앉아 있던 사람들에게 모두 비행기에서 내리라고 했다. 그리고 몇 번 게이트로 가라는 안내 방송이 나왔다. 그곳으로 갔더니 다시 다른 게이트로 가라는 것이었다. 그곳으로 갔더니 또다시 돌아가라고 했다.

문제는 내가 타고 가는 비행기로 부친 공동의 짐이었다. 그 짐에는 선교지에 도착하자마자 음식을 만들고 데커레이션decoration을 해야 하는 도구들이 들어 있었다. 내가 타고 간 비행기의 안내원들은 그 짐이 콜롬비아로 갔다고 하고 휴스턴 공항의 안내 데스크에서는 그 짐이 아직 휴스턴에 있다고 해서 헷갈리게 했다.

결국 비행기를 타고 콜롬비아에 도착했지만 짐은 오지 않았다. 몇 시간을 뛰어다니며 짐을 찾으려고 했지만 결국 찾을 수 없었다. 할 수 없이 항공사에 메모만 남기고 숙소로 돌아왔다.

미안하고 감사하게도, 오랫동안 구역을 맡고 있던 이성배 장로님이 밤늦게까지 나를 기다리고 계셨다. "목사님, 아무 설명도 하지 말고 늦었으니 그냥 빨리 들어가서 주무세요"라고 하시면서, 끝까지 사랑으로 감싸주시는 장로님을 보며 역시 남미 전역의 선교지를 다니는 베테랑 장로님은 다르다는 생각이 들었다. 십 년 넘게 남미 선교를 다녔는데 이런 실수는 처음이었다. 기도가 부족한 탓에 사탄 마귀가 우는 사자처럼 내게 덤벼든다는 것을 온몸으로 느꼈다.

나는 현지 선교사님께 현지에서 장비를 사라고 항공비보다 더 많은 돈을 드렸지만 늦게 온 장비가 하필 리프레시맨이 쓸 도구로, 현지에서는 구매할 수 없는 장비라고 한다. 그리고 그 장비는 뜨레스디아스를 하려면 꼭 필요했다. 현지인을 위해 음식을 준비하고 과일로 데커레이션을 해야 했는데 장비가 오지 않으니 다들 발을 동동 굴렀다. 하지만 이게 웬일인가? 다행히 그 장비가 꼭 필요한 날짜에 도착했다. 하나님은 그의 기뻐하시는 뜻을 품은 사람들을 축복하셔서 그 뜻을 이루고 계셨다.

뜨레스디아스를 경험해 보지 않은 사람들은 그 프로그램을 이해하지 못하고 심지어 이단적인 요소가 있는 것으로 취급하기도 한다. 그러나 제대로 체험한 사람들은 천국을 맛보는 이 프로그램을 통해서 진정으로 하나님을 만나곤 한다. 그 속에서 마음의 치유와 육체의 치유를 받기도 한다.

성찬식 날, "사랑하는 나의 종 라니야! 나는 네게 모든 것을 주었고, 너의 기도를 다 들어주었다"라는 주님의 음성이 들렸다. 하나님은 정말 나의 모든 기도를 들어주셨다. 이번에도 하나님이 원하시는 완벽한 선교를 위해 기도로 준비하기는 했지만, 그러나 바쁘다는 핑계로 시간을 내서 전심으로 부르짖는 기도를 드리지 못했다.

그 눈물이 찬양이 되기까지

"아버지 하나님, 저의 오만함을 용서해 주세요!"

성찬식 때 눈물이 나오기 시작하더니 봇물 터지듯 걷잡을 수 없이 쏟아졌다. 선교를 다니면서 그렇게 많이 울어본 건 처음이었다. 죄책감에 울었고, 화살이 다 나에게만 쏟아지는 것 같아 서운해서 울었다. 울고 나니 속이 시원해졌다. 주님의 팔이 나를 감싸며, "괜찮아, 라니야! 다 잘될 거야"라고 하셨다. 그동안 기도에 소홀했던 나 자신을 돌아보고 회개하였다.

장로님이 다가와 걱정하지 말라고 위로하시고, 슐라 사모님은 내 모습이 안쓰러웠는지 말없이 끌어안아 주셨다. 집사님들이 슬쩍 다가와 "목사님, 우리가 목사님을 얼마나 좋아하고 사랑하는데, 그 성질 좀 죽이세요"라고 했는데, 그 한마디에 큰 깨달음을 얻었다.

'아! 내가 그랬구나.'

목사를 비난하게 만든 것 자체가 성도들을 죄짓게 한 것이라는 말에 가슴이 무너졌다.

'너무도 부족한 내가……'

나는 속으로 울부짖었다. 그렇게 회개하고 나니 집사님과 권사님들이 더 아름다워 보였다. 그동안 과일로 데커레이션을 하는 팀들이 짐이 빨리 오게 해달라고 새벽마다 기도했다는 이야기도 들었다.

"우리 하나님, 참 좋으신 하나님. He is so awesome!"

마침 이번 선교의 주제가 "위로자 되신 하나님"이었다. 주님이 내

게 얼마나 큰 위로를 주셨는지……, 그 말씀은 나를 위한 것이었다. 그런 가운데서도 뜨레스디아스 프로그램에 참석한 현지의 후보자 목사님들은 하나같이 성령 충만함 속에서 찬양하며 이미 많은 은혜를 체험하고 계셨다.

이번 선교에서 나는 놀라운 은혜를 체험했고, 그 은혜로 정금같이 나아왔고, 내가 얼마나 많은 사랑을 받는 존재인지를 깨달았다. 이번 선교는 나 자신을 위한 선교였다. "정말 감사합니다. 나도 여러분을 너무 사랑합니다." 선교지에서는 영적 전쟁이 더 심하다. 한 사람이라도 더 끌어내려고 결사적인 사탄의 방해가 끝이 없다. 영적 전쟁에 승리하려면 기도와 말씀으로 무장하고 전신갑주를 입어야 한다.

"우리의 씨름은 혈과 육에 대한 것이 아니요 정세와 권세와 이 어두움의 세상 주관자들과 하늘에 있는 악의 영들에게 대함이 라"(엡 6:12-18)

그 눈물이 찬양이 되기까지

콜롬비아 선교를 마치고 보고타에서 약 50km 떨어진 씨빠끼Zipaquira 성당을 돌아보았다. 이곳은 스페인 정복 시대 때 소금 광산에서 일하던 광부들이 고달픈 노동 속에서도 스스로를 위해 소금 바위로 아름다운 성당을 지은 곳이다. 노예로 끌려온 광부들은 어두운 긴 터널 속에서 매일 일정량의 소금을 채굴해야 했다.

그들은 하나님의 도우심을 소망하면서 소금 바위로 십자가를 만들고, 지하 예배당을 지었다. 그 결과 이처럼 아름다운 소금 바위로 지은 성당이 탄생했다. 푸른 보랏빛이 은빛 소금 조각에 비치면서 성스러운 분위기를 자아냈다. 세상에서 가장 깊은 곳에 만들어진 소금 성당의 신비롭고 경건한 모습에 눈을 뗄 수가 없었다.

방마다 소금 십자가가 우뚝 서 있다. 형형색색의 조명이 비추는 가운데, 십자가의 길을 그대로 재현한 모습은 정말 감동적이었다. 광부들의 고달픔이 아름다운 십자가와 성당 건축으로 승화되었음을 보여 준다. 이들은 험난한 노동을 하며 그 어려운 환경 속에도 신앙을 지켰는데 나는 선교지에 와서 내가 당한 작은 고통에 괴로워하며 눈물 흘리며 원망했으니……, "주님, 저의 죄를 용서해 주시옵소서."

우리 역시 이곳의 광부들처럼 빛과 소금이 되어, 또 다른 아름다운 교회로 거듭나야 하겠다.

"그리스도의 고난이 우리에게 넘친 것 같이 우리가 받는 위로
도 그리스도로 말미암아 넘치는도다"(고후 1:5)

그 눈물이 찬양이 되기까지

17 아르헨티나
부에노스아이레스 시내 한 복판의 신학교

남미의 나라는 모든 국교가 가톨릭이다. 스페인이 침략하여 강제로 사람들의 종교를 가톨릭으로 개종시켰는데, 사람들에게 일일이 세례를 줄 수 없어 한꺼번에 모아 놓고 호스로 물을 뿌려 성부, 성자, 성령의 이름으로 세례를 주었다고 한다. 말씀과 교리 교육 없이 그저 형식적인 세례만 준 것이다. 전쟁을 통해 종교가 전파된 탓에, 남미 사람들은 종교에 대한 깊은 이해가 부족하다. 그래서 함부로 맹세하기를 좋아하고 하나님의 이름도 쉽게 부른다.

금을 찾아온 남미의 침략자들 탓에 남미 사람들은 여전히 가난에서 벗어나지 못하지만, 신앙을 찾아온 북미 청교도들은 풍요로운 삶을 살고 있다. 이를 보며 신앙을 우선시하는 삶이 결국 하나님의 축복을 가져온다는 것을 깨닫게 된다.

남미의 가톨릭은 대개 토속 신앙과 혼합되어 있어 가는 곳마다 마리아상을 비롯한 성인들의 동상과 교황의 동상까지 즐비하다. 잉카 신앙에서 유래된 파차마마라고 하는 대지의 여신은 풍요와 생명을 주는 어머니라는 뜻이란다. 그래서 남미 사람들은 8월의 축제 때에 땅에 음식을 묻거나 코카잎, 술, 담배 등을 바치며 감사를 표한다.

아르헨티나 사람들의 국민성은 다른 나라와 비교하면 상대적으로 도덕적 개념이 부족하고 성에 대한 개념도 희박해 보인다. 남의 것이라도 맘대로 가져가서 먹어도 된다고 생각하고, 남의 재물을 훔쳐도 죄의식이 별로 없다고 한다. 그러나 주인이 가져간 물건을 다시 제자리에 갖다 놓으라고 하면 그대로 돌려주는 모습을 보면 순수한 사람들이라는 생각이 들기도 한다.

선교사의 눈으로 보면 많은 이들의 영이 사단의 지배 아래 놓여 있지만 믿지 않는 이들은 이를 인식하지 못한다. 우리는 그 점을 일깨워주기 위해 오늘도 그 불쌍한 영혼들을 찾아다닌다. 그리고 강하고 담대하게 주의 복음을 증거함으로써 많은 사람을 주님에게로 돌아오게 하는 추수의 때가 오기를 기다린다.

미국 은혜교회 담임 목사님은 아르헨티나에서 살다 오신 분이라 남미의 영적 사정을 잘 아셔서, 일찍이 아르헨티나에 신학교를 세우셨다. 부에노스아이레스 시내 한가운데에 세워진 그 신학교에서 많은 목회자를 배출하고 있다. 아르헨티나 현지인들은 신학교에서 제대로 배운 신학 덕분에 굳건한 반석 위에 흔들리지 않는 믿음을 갖춘 목회자로 세워지고 있다.

신학생들은 새벽부터 복도와 계단에 꿇어앉아 한국어로 "주여!" 삼창을 하며 통성으로 기도한다. 커다란 몸집의 신학생들이 두 손을 높이 들고 할렐루야를 부르짖으며 찬양하는 모습을 보면 성령님께서

그 눈물이 찬양이 되기까지

직접 구름 속에서 운행하시는 것처럼 느껴진다. 급기야 우리도 함께 껑충껑충 뛰며 손을 높이 들고 하나님을 찬양했다.

은혜 한인 교회의 뜨거운 영성을 그대로 전수 받은 곳이다. 가슴이 뭉클해지며 감격스러웠다.

"성령 하나님, 나를 만지소서!"

두 뺨에 저절로 회개의 눈물이 흘렀다. 이렇게 그들은 서서히 주님의 사람으로 변화되고 있었다. 믿음은 보이지 않는 것들의 실상이라 하지 않았던가? 이들은 믿음을 가지고 하나님께 나아가면서, 그분의 축복을 기다리고 있었다.

야곱은 하나님이 태중에서부터 선택된 사람임에도 불구하고 자기의 꾀로 살아가서, 험악한 세상을 살았다(창 47:9)고 고백했다. 우리 역시 이방인으로서 하나님의 선택을 받아 이제는 남미 땅까지 와서 그들에게 복음을 전하고 함께 할렐루야를 외치며 하나님을 찬양할 수 있다는 것은, 분명 축복이 아닐 수 없다.

아르헨티나 신학생들은 매일 새벽마다 시멘트 바닥에 무릎을 꿇고 눈물로 기도한다. 문화와 언어가 달라도 그들이 뜨겁게 섬기는 모습을 보며 우리는 그 헌신이 예수님 때문임을 안다. 선교사님의 교육이 참 대단하다는 생각이 든다.

그러니 단기 선교사들이 조금만 잘못하면 신학생들까지도 금방 시험에 들게 된다. 그동안 신학생들과 함께 기도하며 그들을 섬기던 현지의 목회자 중에는 우리가 가기 전까지만 해도 목회를 포기하려는 사람도 있었으나 이번 단기 선교사들의 섬김을 통해 하나님의 놀라운 사랑을 경험하고 끝까지 주님께 순종하겠다고 간증했다. 이렇게 단기 선교팀은 현지 선교사님을 섬기며 신자들에게 영성을 회복시켜 주는 역할을 할 수 있다.

사람들은 아르헨티나와 브라질이 붙어 있어 두 나라가 매우 친할 것으로 생각하지만, 사실 그 정반대이다. 어디를 가나 이웃 나라가 가장 강력한 대적이 되기도 한다. "이웃을 사랑하라"는 주님의 말씀이 떠오른다.

아르헨티나는 소의 숫자가 사람보다 더 많은 나라로 유명하다. 소고기 종류도 20가지를 넘는 것 같다. 우리는 현지인들에게 고기를 풍성하게 대접하고 온갖 종류의 고기를 원 없이 맛보고 돌아왔다. 단기 선교의 특혜는 가는 곳마다 그 나라의 고유한 음식이나 명물을 체험할 수 있다는 것이다.

그 눈물이 찬양이 되기까지

선교를 마치고 미국으로 돌아오기 전에 아르헨티나와 브라질의 경계에 있는 세계에서 가장 거대한 이과수폭포를 관광했다. 미국과 캐나다의 경계에 있는 나이아가라폭포, 아프리카 잠비아에 있는 빅토리아폭포와 함께 세계 3대 폭포 중 하나로 꼽힌다. 영화 "미션"에서 교황의 특사인 알타미라노 추기경이 선교지를 방문하기 위해 보트를 타고 이과수폭포 속을 지날 때 흐르던 그 웅장하고 아름다운 음악을 연상하면서, 우리는 보트를 타고 우비를 입고 폭포 바로 밑에까지 들어가서, 세차게 밀려오는 물보라를 맞으며 폭포 전체를 파노라마처럼 감상할 수 있었다. "악마의 목구멍"이라 불리는 폭포를 강 건너편에서 바라보는 것은 이과수폭포 관광의 하이라이트였다

이과수폭포 주변에는 다양한 야생 동물을 볼 수 있는 공원도 있어 방문객들에게 폭포 외에도 여러 즐길 거리를 제공한다. 예를 들어, 브라질 쪽에 "파르케 다스 아베스Parque das Aves"라는 새 공원이 있는데 여기에 마코앵무, 투칸 등의 희귀한 조류가 있다고 한다. 선교지를 갈 때마다 교회의 담임 목사님은 선교사라면 선교지가 있는 나라의 문화와 삶을 깊이 이해하는 것이 중요하다고 조언하셨다. 그래서 항상 그 나라 관광 하기를 권했다.

18 아르헨티나 한인 교포 선교

이번 집회에 많은 사람이 오리라고 기대했지만, 하나님께서 보내주신 한인 교포는 열아홉 명뿐이었다. 처음에는 적은 숫자에 초조했지만, "두세 사람이 내 이름으로 모인 곳에는 나도 그들 중에 있느니라"(마 18:20)라는 말씀을 되새기며, 주님이 함께하시면 한 사람이 백 사람의 영혼을 구할 수 있다는 믿음을 가지고 기도했다.

이 황무지 같은 아르헨티나 땅에서, 각처에 흩어져서 힘들게 살아가고 있는 이 열아홉 명의 교포를 모으기 위해 선교사님과 본 교회 목사님이 얼마나 수고를 많이 하셨을지, 그들의 간증 속에서 생생히 느껴졌다. 현지인은 많이 몰려올 수 있었지만, 각지에 흩어져서 생활에 바쁜 교포들을 모으는 일은 쉽지 않다고 한다.

성령님께서 함께 하시면서 분위기가 더 뜨거워졌다. 우리 팀은 새 신자들의 영적 성장을 돕고, 깊이 있는 말씀과 나눔, 기도로 그들이 하나님과 가까워지도록 도움으로써 남미의 영혼들을 깨웠다. 이 기간 동안 우리는 세상사로 지친 사람들이 "수고하고 무거운 짐 진 자

그 눈물이 찬양이 되기까지

들아 다 내게로 오라"(마 11:28)고 하신 주님 말씀대로, 이곳에 와서 세상 근심과 걱정을 모두 내려놓고, 은혜 가운데서 천국 잔치를 맛볼 수 있도록 돕는다.

새신자들은 말씀을 듣고 기도하면서 하나님의 사랑이 아니면 할 수 없는 섬김과 헌신을 보여주는 팀 멤버를 보고, 눈물을 흘리기 시작했다. 이들은 우리의 섬김을 보고 겸손을 배우고, 살아계신 하나님을 만나면서 그동안 답답했던 영혼이 숨을 쉬게 되었다고 간증했다.

머나먼 타국 땅에 살면서 마음속 깊은 곳에 담아둔 한恨, 그동안 하고 싶었던 말이 얼마나 많았을까? 어떤 집사님은 "모처럼 쉬는 날이라 쉬고 싶어서 오고 싶지는 않았지만, 호기심 반 기대 반으로 집회에 와 봤는데 팀 멤버의 헌신을 보고 저분들처럼 하나님의 사랑을 체험하고 나도 다른 이들을 섬기고 싶다고 생각하게 되었다"라고 간증했다. 그리고 마음 속에서 뜨거운 것이 올라오면서 눈물이 주체할 수 없을 정도로 터져 나왔다고 고백했다.

그들의 고백을 듣고 있던 내 가슴이 아리다 못해 아프기까지 했다. 이들의 고백과 스토리가 그들처럼 미국에서 나그네로 살아가는 이민자인 나의 마음에 깊이 와닿았다. 그리고 나 또한 하나님께 받은 은혜가 너무 커서 한없이 눈물이 흘렀다. 처음에는 어색하고 힘든 분위기였지만, 양을 위로할 목자가 오히려 양에게서 위로받은 목자가 되었음을 느꼈다.

하나님은 그들을 위해 모든 것을 준비하셨지만, 어떤 이는 간증에서, 이 모임을 위해 자신은 아무것도 준비하지 않았다고 고백했다.

"미국에서 이처럼 많은 사람이 시간과 돈을 들여서 우리의 구원을 위해 아르헨티나까지 찾아와서, 이 비싸고 아름다운 건물에서 3박4일 동안 들러리가 돼서 우리를 섬겨주셔서 너무나 행복했습니다. 전에 깨졌던 아내와의 관계가 회복되는 순간입니다. 아내를 더욱 귀하게 여기며 사랑하겠습니다"라고 다짐하기도 했다.

그는 또 "하나님이 나를 이처럼 만드시느라 많은 애를 쓰셨습니다. 이제부터 저는 하나님과의 관계를 더욱 굳건히 하고, 하나님과 나와의 스펙터클한 스토리를 써나갈 것입니다. 할렐루야! 감사합니다. 하나님!"이라고 고백했다.

사역을 마친 후, 우리는 아르헨티나에서 칠레까지 거대한 배를 타고 엘 칼라페테 빙하를 구경했다. 배를 타고 가면서 눈앞에 펼쳐지는 거대한 빙하를 보는데 모두 입이 떡 벌어졌다. 와아~ 하는 탄성이 그

그 눈물이 찬양이 되기까지

칠 줄을 몰랐다. 사방으로 둘러싸인 빙하가 갑자기 이쪽저쪽에서 와르르 무너질 때마다 그 압도적인 스케일에 우리는 감동했다.

하늘은 잔잔한 구름을 두른 채 차분했지만, 빙하의 표면은 숨을 삼킬 만큼 깊은 균열로 가득했다. 그 빛나는 얼음은 햇살을 받아 찬란하게 반사하며 푸르른 빛을 뿜어냈다. 균열이 점점 더 벌어지면서 얼음 파편이 공중으로 튀어 오르며 순간 얼음덩어리가 하늘에서 목화송이처럼 펼쳐지면서 와르르 바다로 떨어졌다.

빙하의 조각들이 물속에 떨어지며 파도를 일으키고, 물방울은 무지개를 만들어내며 주변 공기를 축축하게 물들였다. 얼음산이 무너져 내리는 광경은 대자연이 그리는 또 하나의 예술 작품처럼 아름다웠다. 단기 선교를 마친 우리를 위해 조각칼을 휘두르시는 듯한 창조주 하나님의 멋진 솜씨였다.

"형제들아 우리의 수고와 애쓴 것을 너희가 기억하리니 너희 아무에게도 폐를 끼치지 아니하려고 밤낮으로 일하면서 너희에게 하나님의 복음을 전하였노라"(살전 2:9)

19_브라질
상파울루에서의 뜨레스디아스

브라질은 남미 대륙의 거의 반을 차지하는 국가로 세계에서 다섯 번째로 큰 나라이다. 남미는 대부분 스페인어를 사용하는데 포르투칼의 지배를 받은 브라질은 유일하게 포르투갈어를 사용한다. 브라질은 세계에서 천주교 신자가 가장 많은 나라이지만 개신교도 국민의 26% 정도로, 지금도 빠르게 성장하고 있다.

천주교인들은 남미 사람들이 모두 예수를 믿는데 왜 그곳으로 가서 복음을 전해야 하느냐고 묻는다. 하지만 천주교와 개신교는 다르다. 우리는 "오직 성경Sola Scriptura, 오직 은혜Sola Gratia, 오직 믿음Sola Fide"의 신앙으로 그들에게 복음을 전하고 있다.

우리가 상파울루 공항에 도착하자 지난번 아르헨티나에서 만난 하 선교사님 내외분이 반갑게 맞이하시고 우리를 뜨레스디아스 프로그램이 열리는 장소로 안내해 주셨다. 그곳은 아름다운 자연 속에 자리 잡은, 마치 한 폭의 그림처럼 아름답고 평화로운 산장이었다. 그 산장 자체를 보는 것만으로도 마음이 안정되고 평온해졌다.

그 눈물이 찬양이 되기까지

이번 프로그램에는 새신자가 남자 43명, 여자 43명으로 일부러 맞춘 듯이 남녀 비율이 똑같았다. 그런데 미국에서 온 팀 멤버는 겨우 8명이었는데, 아르헨티나에서 오신 목사님들과 지난번 마이애미팀에서 제1기를 마친 현지 목사님들도 함께했다. 그래서 전체 팀 멤버는 약 50명 정도였지만 그런데도 봉사자의 숫자가 부족해서, 마음이 조급해졌다. 애초에 미국에서 구성된 팀은 11명이었다. 그런데 유일하게 포르투갈어를 하시는 장 집사님과, "은혜를 가로막는 것들"이라는 강의를 맡기로 했던 김태원 목사님이 갑자기 건강 문제로 참석하지 못했다.

리더 장로님은 내게 "전도사님이 '은혜를 가로막는 것들'에 관한 강의를 해달라"라고 하셨다. 순종하는 마음으로 그러겠다고 대답은 했지만, 강의를 준비할 시간이 하루밖에 없다는 사실에 매우 초조했다. 그래서 하나님께 기도하며 매달렸다.

"성령 하나님, 도와주시옵소서!"

초조한 중에도 하나님의 은혜로 현지에서 강의 내용을 준비할 수 있었고, 덕분에 강의를 무사히 마칠 수 있었다.

학생들은 모두 은혜를 받았다고 하고, 어떤 목사님은 통역을 통해 현지에서 함께 사역하자고 농담처럼 제안하기도 하셨다. 그 말을 들은 집사님들은 브라질에서 '오퍼'가 들어왔다고 너스레를 떨며 칭찬했다. 부족한 종인 내게도 성령님이 함께하셔서 크게 역사하셨음을 느끼며 진심으로 감사드렸다.

브라질에서의 뜨레스디아스는 정말로 산 넘어 산이었다. TD의 생명이라고 할 수 있는 찬양팀도, 율동팀도 없는 상황이었다. 마침 현지에서 참석한 한인 자매가 있어 팀 멤버들과 목사님은 그때마다 그 자매에게 찬양과 율동을 가르쳐 후보자들을 이끌어 가게 하셨다.

게다가, 브라질은 포르투갈어를 사용하는 나라여서 스페인어, 포르투갈어, 한국어 세 가지 언어로 통역해야 하는 어려움도 있었다. 그 모든 복잡한 상황 속에서도 하나님께서 은혜를 부어 주셔서 하나님의 뜻이 더욱 분명하게 드러날 수 있었다.

또 현지에서 사역하고 계신 한국 목사님이 통역을 해주셔서 정말 아슬아슬한 상황 속에서 무사히 진행할 수 있었던 게 큰 은혜였다. 다행히 막내둥이 박 집사님이 찬양이면 찬양, 율동이면 율동, 거기다 스페인어 통역까지 다양한 은사를 맘껏 발휘하였다. 하나님은 이렇게 완벽하게 준비해 두신 사람들을 보내셔서 우리의 부족함을 채워 주신다. 정말 멋진 하나님이시다.

강의를 마치고 나는 음식과 데커레이션 부서에서 일하게 되었는

그 눈물이 찬양이 되기까지

데, 사실 나로서는 처음 해보는 일이었다. 우리 세 명은 재료가 빈약했지만, 한 집사님이 호랑이가 없는 곳에서는 토끼가 왕이라고, 그동안 TD를 다니면서 어깨 너머로 익혀온 솜씨를 맘껏 발휘하셨다. 본인은 토끼라고 하셨지만 내가 보기엔 호랑이 중에서도 왕 호랑이로, 하나님이 예비하신 예술가였다. 한 집사님의 순발력과 김 집사님의 빠른 손놀림 덕분에, 그리고 둔한 허드레꾼 같은 나의 노력으로 순간순간마다 제법 그럴듯한 과일 작품이 만들어졌다.

테이블 장식을 하나하나 만드느라 파인애플 가시에 손가락이 찔리고 손이 부르트면서도 밝은 미소를 잃지 않고 신나게 일하는 두 집사님을 보고, '하나님을 기쁘시게 하는 게 바로 이런 것이구나' 하고 다시금 느꼈다. 그런데 가장 중요한 채소가 하나도 없는 것이 아닌가? 부랴부랴 시내에서 주문해서 가져온 채소를 한 집사님이 두 쟁반에 예쁘게 담아 딥핑 소스와 함께 테이블에 차려놓은 그 순간, 그 모든 수고와 헌신이 하나님의 축복을 담은 기쁨으로 변하는 것을 느낄 수 있었다.

그런데 새신자들이 우리의 섬김을 받고 강의실로 들어간 후에 테이블을 점검했더니, 채소는 손도 대지 않고 사탕만 모두 가져간 것을 보고 정말 당황스러웠다. 아뿔싸! 브라질 사람들은 생야채를 딥핑해서 먹지 않고 오일이나 드레싱을 섞은 샐러드를 먹는다고 한다. 선교를 다니려면 현지인들의 식습관이나 음식문화도 알아야겠다는 것을 다시금 깨달았다. 먹지도 않을 비싼 채소브라질은 유난히 채소가 비싸다를 정성껏 썰어서 보기 좋게 내놓고 먹으라 한 우리가 괜히 부끄러웠다.

또 하나, 이곳 현지 목사님들은 촛불을 밝히는 것을 꺼려하셨다. 그 이유는 현지 사람들이 가톨릭 문화에 깊숙이 젖어 있어서 현지 목사님들이 형식적인 가톨릭식 촛불 행사에 거부감을 느끼셨기 때문이다. 충분히 이해가 갔다. 순간순간이 위기이자 또한 기적이었고, 하나님의 역사하심이었다. 모든 것을 미리 준비해 주시는 여호와 이레를 경험하는 시간이었음이 틀림없다.

이번 뜨레스디아스에서 렉터모든 강의와 프로그램을 맡은 사람를 맡은 정 집사님은 영적 리더이신 김 목사님과 똑같이 빨간색 스웨터를 입고, 벗어진 머리까지 똑같아서 가끔 누가 목사님인지, 누가 렉터인지 헷갈리게 했지만, 그분의 열정과 리더십은 우리를 하나로 묶어 주었다.

정 집사님은 점심시간에 후보자들을 위해서 우리가 부를 찬양에 많은 신경을 쓰셨다. 떠나기 전에도 연습을 제대로 못 해서 우려가 컸으니, 그럴 만도 했다. 한 번 모여서 연습을 해보자고 해도, 여덟 명밖에 되지 않는 미국 팀 멤버들이 쉽게 모이질 못했다. 워낙 바쁘다 보니 찬양을 연습할 시간이 없었다. 은근히 마음을 졸이고 계신 정 집사님이 안쓰러워 보였다.

드디어 찬양 시간이 되었다. 브라질 목사님 중에 기타를 치는 분이 계셔서, 한 번 맞춰본 뒤 우리는 용기를 내어 무대에 올랐다. 저마다 마음껏 미소를 지으며 목청을 높였다. 그러자 현지 후보자들이 열광하며 박수를 치고, 찬양을 따라 불렀다.

"레뉴바메 헷수새롭게 하소서 주님!"

영적 리더이신 김광신 목사님도 입이 귀에 걸리셨다. 기대하지도 않았던 우리의 찬양이 대성공으로 끝났다. 여호와 닛시! 최선을 다하는 우리의 모습 속에서 켄디들도 하나님의 사랑을 진심으로 알게 되었으리라 믿는다.

강의를 마치고 숙소로 돌아가는 영적 지도자 김광신 목사님의 발걸음이 매우 위태로워 보였다. 몸이 아픈 목사님은 솜사탕처럼 사르르 녹아버릴 것처럼 아슬아슬하게 보였다. 그러나 한 번 강단에 서면 어디서 힘이 솟구치는지, 넘치는 파워와 열정에 절로 감탄이 나온다. 김 목사님이 그 자리에 계시기만 해도 사람들은 은혜를 받는다.

새신자들이 하나님의 은혜로 서서히 변화되기 시작했다. 시간이 흐르면서 새신자들의 눈빛과 행동이 달라지기 시작했다. 서로를 부둥켜안고 눈물을 흘리며 축복하는 모습 속에서 성령님의 임재를 느낄 수 있었다.

새신자들과 팀 멤버는 찬양과 율동으로 하나님께 영광을 돌렸다.

이제 복음의 씨가 뿌려졌으니 이들을 통해 이 땅에 복음의 열매가 맺어질 것이라 확신하니 가슴이 뭉클해졌다. 닫혀 있던 그들의 마음을 열어 주시고, 내 마음도 풀어 주셨다. 성령님은 바람처럼, 불처럼 온 방에 임하셨다. 새신자들보다 오히려 내가 더 큰 은혜를 받았다.

졸업식이 끝난 후 간증 시간이 돌아왔다. 너무나 많은 사람이 하나님의 사랑을 간증하면서 흐느꼈고, 일일이 통역할 시간도 부족할 정도였다. 그러나 우리는 영적으로 통했고, 방언으로 알아듣고 함께 기뻐하며 하나님께 영광을 올려드렸다. 시간이 흐를수록 간증의 열기는 더해갔고, 끝이 나지 않았다. 하나님은 살아계시며, 이 큰 나라 브라질에서 추수할 때를 기다리고 계셨다.

결국 리더 장로님께서 다음 만남을 기대하자며 폐회를 선언하셨지만, 헤어짐이 아쉬워 서로 포옹하며 간증하고 고백하는 분위기는 좀처럼 가라앉지 않았다. 빛나는 눈빛과 밝은 미소, 평안하고 여유 있는 모습들이 이 브라질 땅을 새롭게 변화시킬 것이라 믿는다.

"우리에게 풍성히 은혜와 사랑을 주기를 원하시는 하나님,
　이 모든 것은 당신이 하셨습니다."

모든 일정이 끝난 후 우리는 현지 교회들을 답사했다. 장로님은 가는 곳마다 사랑의 봉투를 내놓으셨다. 나 역시 현지에서는 내 모든 것을 다 나눠줘도 아깝지 않았다. 하나님이 내게 주신 사명이라 생각하고, 선교지라면 어디든지 달려갈 것이다.

그 눈물이 찬양이 되기까지

20 펠레의 고향 리우(리우데자네이루)

사역을 마치면, 우리는 선교지가 위치한 지역의 명소들을 돌아본다. 이번에는 모든 팀 멤버들이 이과수 폭포를 구경하러 간다는데, 리더 장로님과 나는 아르헨티나 선교지에 갔을 때 이미 그곳을 다녀왔기 때문에 우리는 아직 방문하지 못한 교회에 가기로 했다.

그러나 우리 둘이 현지 교회를 방문하는 건 어색한 일이라 장로님 혼자 교회를 방문하기로 하고, 나는 먼저 미국으로 떠날 준비를 하는데, 마침 페루에서 오신 한국 선교사님이 홀로 서서 하늘을 바라보고 계셨다.

이성배 장로님이 "선교사님은 어디로 가실 계획입니까?" 하고 묻자, 선교사님은 "어디로 갈지 기도 중입니다"라고 답하셨다. 선교사님은 오랜만에 브라질에 오셨는데, 남은 시간 동안 명소 한 곳도 방문하지 못한 채 페루로 돌아가는 것이 아쉽다고 하셨다.

그래서 내가 "선교사님, 이곳에 축구 선수 펠레의 고향인 리우로 가는 버스가 있어요. 우리 함께 그곳에 가서 세계적으로 유명한 예수님의 십자가상을 보고 오는 것은 어떨까요?" 하고 제안했다. 선교사님은 밝은 미소를 지으며 기도가 응답된 것 같다고 기뻐하셨다.

장로님이 선교사님은 사정이 어려울 테니, 버스비와 호텔비를 대신 내달라고 부탁하셨다. 미국으로 혼자 돌아가지 않고 리우데자네이루에 갈 수 있다는 사실에 신이 난 나는 선교사님의 교통비나 체류비를 대신 내드리는 것은 어렵지 않은 일이었다. 내가 흔쾌히 승낙하자, 우리 셋은 버스에 올랐다.

710m 높이의 코르코바두Corcovado산 정상에 서 있는 예수상의 정식 명칭은 "구세주 그리스도상"이다. 1922년부터 1931년까지 9년의 공사 끝에 완성됐다. 이 거대한 예수상은 리우데자네이루 도시를 내려다보고 있었는데 마치 도시를 지켜주고 있는 것 같았다. 이 아름다운 예수상은 세계 7대 불가사의 중 하나로 선정되었다.

우리는 마을로 내려와 멋진 삼바 댄스를 구경하며 즐거운 시간을 보내고 돌아왔다. 그 덕분에 나는 페루 선교사님과 깊은 친분을 쌓을 수 있게 되었다. 페루 선교사님은 사모님이 현지에서 한국 김치를 만들어 팔고, 선교사님은 건축을 하며 자비량으로 선교하시는 분이다.

나는 리우데자네이루를 방문한 기념으로 야광 예수상을 하나 사가지고 돌아왔다. 미국으로 돌아온 후 친구에게 줄 기념품이 다 떨어져 '다음에 리우에 가면 다시 사야지' 하고 생각하며, 그 예수상을 친구에게 선물로 주었다. 나중에 브라질로 선교 가는 목사님께 후원금으로 오백 불을 드리면서, 오실 때 야광 예수상 하나만 사다 달라고 부탁했지만, 몇 년이 지나도록 나는 그 야광 예수상을 구할 수 없었다.

그 눈물이 찬양이 되기까지

그 예수상은 현지에서만 파는데, 다시는 제작되지 않는다고 한다. 그 후, 현지에서 비슷한 모양의 예수상을 사서 친구에게 선물하며, 솔직하게 "내가 너에게 준 그 예수상을 다시 갖고 싶다"라고 했더니, 친구는 웃으며 대수롭지 않게 그 예수상을 돌려주었다. 그 야광 예수상은 지금도 내 거실의 진열장 속에서 빛을 발하고 있다.

전도사 때에 산 물건이 목사가 되어서야 내품으로 돌아왔다. 예수상을 볼 때 마다 기분이 좋아지고 치유받는 느낌이 든다. 그때만 해도 전도사 시절 초창기 선교라서 기념품을 샀지만, 그 후에는 절대로 현지에서 물건을 사지 않았다.

"이르시되 내가 은혜 베풀 때에 너에게 듣고 구원의 날에 너를 도왔다 하셨으니 보라 지금은 은혜 받을 만한 때요 보라 지금은 구원의 날이로다"(고후 6:2)

<u>21</u> 페루에 하나님의 손길로 치료와 돌봄이…

우리가 단기 선교를 떠난 페루는 에콰도르 국경과 가까운 곳에 있다. 페루는 콜럼버스가 아메리카 대륙을 발견하기 전에 남미에서 가장 거대한 제국을 만든 나라이다. 남미 사람들에 비해 체구가 작고 순수한 사람들이 많은 중남미 사람은 모두가 가톨릭 신자이다. 그러나 토속 신앙과 번영 신학에 물든 복음이 널리 퍼져 있으므로, 참된 복음을 전하는 일이 가장 시급하고 중요한 과제라는 것을 다시 한 번 깨닫게 된다.

우리는 여러 선교 프로그램을 시행하면서, 그들의 영혼 구원에 힘썼다. 그룹 기도 시간에는 다섯 명씩 그룹별로 모여 다른 그룹과는 떨어져 앉아서 기도하기로 했다. 잔디밭에 둥글게 앉아, 현지인과 우리는 손을 맞잡고 온 힘을 다해 기도를 시작했다. 그러던 중 방언 기도가 터지면서, 나는 돌아가며 한 사람씩 안수기도해 주기 시작했다.

기도가 끝나고 나니, 온몸이 땀으로 흠뻑 젖었고, 기운이 모두 빠져나간 것 같았다. 그런데 한 성도가 할렐루야를 외치며 그 자리에서 일어나 두 손을 들고 껑충껑충 뛰었다. 그는 평소 목뼈가 굳어서 고

생이 심했는데, 내가 손으로 그의 등을 쓰다듬으며 목을 만지자 불덩어리 같은 열기가 몸에 임하면서 목이 부드럽게 움직이기 시작했다고 한다. 그는 그 말을 하면서 감사의 눈물을 흘렸다.

그 옆에 있던 집사님도, 그리고 그 옆에 있던 사람들도 모두 비슷한 간증을 했다. 아파서 제대로 펴지 못했던 허리가 펴지고, 불편하던 다리가 멀쩡해졌다고 고백했다. "아니따"라는 여인은 짜릿한 그 무언가가 눈을 스치면서, 보지 못했던 눈이 밝아졌다고 간증했다.

이 놀라운 기적의 상황을 감당하기가 너무 힘들어서 나는 그저 하늘만 쳐다보며, "하나님 감사합니다. 감사합니다!"라고 외치며 눈물을 흘렸다. 우리는 서로 끌어안고 빙글빙글 돌며 할렐루야를 부르며 하나님을 찬양했다. 그 순간 나는 깨달았다. 우리가 간절히 원할 때 하나님은 누구에게나 능력을 주신다는 것을 ….

하나님의 손길이 함께하여 반드시 필요한 치료와 돌봄이 이루어졌다. 생각해 보니, 나 자신이 아플 때도 아픈 부위를 만지며 주님께 치유해 달라고 간절히 기도했는데, 그때마다 주님은 항상 그 기도에 응답해 주셨다.

"믿는 자들에게는 이런 표적이 따르리니 곧 그들이 내 이름으로 귀신을 쫓아내며 새 방언을 말하며 뱀을 집어올리며 무슨 독을 마실지라도 해를 받지 아니하며 병든 사람에게 손을 얹은즉 나으리라 하시더라"(막 16:17~18)

이 엄청난 하나님의 역사를 전하고 싶어서 렉터 장로님께 말씀드렸더니, 아무에게도 말하지 말라고 하셨다. 그런데 간증 시간에 치유 받은 새신자들이 나와서 "김 목사님의 손이 닿자 아픈곳이 낳았다"라고 눈물을 흘리며 간증했다.

그 눈물이 찬양이 되기까지

선교사역이 끝난 후, 우리는 고대 잉카 문명의 도시인 마추픽추 Machu Picchu에 올라갔다. 이곳은 1983년 유네스코 세계 문화유산으로 지정되었고, 2007년에는 세계 7대 불가사의 중 하나로 선정되었다. 마추픽추로 올라가는 길은 너무 가파르고 높아서 케이블카를 타고 올라가야 했다. 케이블카는 한 번에 끝까지 올라가지 못하고, 중간에 아래로 내려가다가 탄력을 받아 다시 올라가곤 한다.

이 도시는 15세기에 남아메리카를 지배했던 잉카 제국에 의해 2,430m나 되는 산 정상 위에 세워졌다. 마추픽추로 올라가는 길은 좁고 가파른데, 어떻게 이 많은 돌을 운반하고, 쌓아 올려서 거대한 도시를 만들었는지 정말 불가사의했다.

페루는 사람들의 체구는 작은데 옥수수알이 엄청 커서 놀랐다. 옥수수의 원산지답게 잉카콘이라 불리는 이 옥수수는 알이 크고 쫀득한 식감에 몇 알만 먹어도 배가 부르다. 페루에는 보라색 옥수수도 유명하다.

페루를 떠나면서 이곳의 많은 사람이 속히 복음을 알게 되기를 소망했다. 그리고 주님의 놀라우신 계획과 섭리로 찬양과 경배와 영광을 올려드리는 페루 크리스천들이 될 수 있기를 진심으로 기도했다.

"너는 내게 부르짖으라 내가 네게 응답하겠고 네가 알지 못하는 크고 은밀한 일을 네게 보이리라"(렘 33:3)

6부

동아시아 선교

22 한국의 탈북자 선교
말씀이 들어가면 사명자로 변한다

주님이 부르시는 곳이라면 어디든지 달려갈 수 있도록 여건과 마음을 주신 것에 감사드린다. 우리 팀은 선교를 떠나기 전에 정말 많은 기도로 준비한다. 그리고 선교지를 향하는 모든 걸음 속에서 하나님의 인도와 평안케 하심을 구했다.

한국으로 온 탈북자들을 선교하기 위해 우리는 선교지에서 늘 사용하던 미국식 용어를 모두 한국어로 바꾸었다. 이름도 '은혜동산'이라 명칭하고 찬양도 모두 한국어로 바꿔 부르기로 했다. 탈북자들에게 거부감을 주지 않기 위해 '탈북자'라는 용어 대신 '새터민'_{새로운 터에 정착한 사람}이라는 표현을 사용했다. 또한, 옷도 수수하게 입고 신발굽도 낮은 것으로 준비했다. 평소 바르던 손톱의 매니큐어도 모두 지웠다.

우리는 영적으로나 육체적으로 단단히 준비하고 기도하면서, 한국행 비행기를 타고 은혜 선교센터가 있는 연천으로 향했다. 그런데 탈북자들을 만난 우리는 깜짝 놀랐다. 젊은 그들은 머리를 노랗게 물들이고, 손톱에는 새빨간 매니큐어를 발랐다. 미니스커트를 입은 그들의 구두는 굽이 너무 높아, 넘어질 듯 위태로워 보였다. 그들이 쓴 모자들에는 하나같이 나이키 등의 명품 로고가 달려 있었다. 그들은 강남에서 막 도착한 신세대였고, 우리는 미국의 낙후된 곳에서 온 촌스러운 동포였다. 신세대 탈북자들에 대해서 몰라도 너무 몰랐던 우리의 시대착오적 착각의 결과였다.

그들은 '종교의 자유'를 찾아 남한에 온 것이 아니다. 먹고 살기 위해 목숨을 걸고 두만강과 압록강을 건너온 사람들이다. 탈출 과정에서도 온갖 고초를 겪기도 하고, 형제를 잃거나 부모를 잃는 등 우리가 상상할 수 없는 끔찍한 고통을 겪으며 살아온 사람들이다.

탈북 후 중국에서 인신매매하는 자들에게 걸려서 원치 않는 삶을 살면서 탈북한 보람도 없이 절망 속에서 살아가는 사람도 있었고, 농촌에서 사는 나이 많은 중국 남자에게 팔려 가서 아이를 낳고 10년 정도 살면서, 그 삶을 자신의 운명이라 생각하고 자유를 포기하며 살던 사람도 있었다. 그러나 그들 대부분은 중국을 탈출해서 잘 사는 나라인 풍성한 한국에 오기를 소원했다. 그리고 기회를 봐서 중국을 탈출, 태국과 라오스 등의 제3국을 거쳐서 마침내 한국에서 자유롭고 안전한 삶을 살고 있다. 탈북자들의 탈북과 정착에 교회와 기독교 단체가 큰 역할을 하고 있다.

중국에서도 선교사들이 탈북자들에게 성경 공부를 가르쳐 보면, 그들은 돈을 벌기 위해 조국과 가족을 버리고 중국으로 나왔기 때문에, 겉으로는 선교사들이 시키는 대로 하면서도 마음속으로는 오로

그 눈물이 찬양이 되기까지

지 돈을 벌어야겠다는 생각밖에 없다고 한다. 그래서 이런 사람들에 대한 이해가 부족한 선교사들은 믿음을 이용하려는 자들에게 속아 넘어간다고 한다. 이들 중에는 한국에 와서도 적응하지 못하고, 돈을 쉽게 벌 수 있는 노래방이나 유흥업소에 발을 담그는 사람도 많다고 한다.

우리의 선교사역에 참석한 탈북자 중에 어떤 사람은 강의 시간에도 강의에 집중하기보다는 책상에 고개를 파묻고 자는 척한다. 특히 강사가 "많은 탈북민을 도와 중국으로 탈출하도록 도와주었다"라는 이야기를 하면 더 이상 강의를 듣지 않으려 한다. 강사가 "내가 어떻게 탈북민을 구출했다"라고 말할 때면, 모두 책상에 머리를 박고 있었다. 더구나 "돈 몇 푼에 중국 시골 남자에게 팔려 간 사람을 구출해 냈다"라는 말에는 몸서리를 치는 듯했다. 그들의 마지막 남은 자존심을 건드린 것이다.

이들을 보면서 탈북자들에게 예수님을 전하는 일이 절대로 쉽지 않다는 것을 알게 되었다. 우리는 하나님의 은혜로 살아왔다고 믿지만, 탈북자들은 태어날 때부터 김일성 아바이가 자신들을 먹여 살렸다고 생각했던 사람들이다.

특별히 기억에 남는 사람은 나의 기도 대상자였던 '남남북녀' 부부였다. 남편은 남한 사람으로 전도사였고, 아내는 북한에서 온 자매였다. 우리는 선교 오기 전에 미리 명단을 받아서 기도 대상자를 정하고, 그들의 이름을 익히고, 그들을 위해서 중보기도를 한다.

내가 한 자매를 방으로 안내하면서 명찰을 보니, 공교롭게도 바로 내가 기도하고 있던 그 대상자였다. 그 자매의 첫 마디는 "정말로 미국에서 왔냐?"라는 질문이었다. 그녀는 "미국에 가고 싶다"라는 말을 반복해서 이야기했다. 그녀는 "이번 선교팀이 미국에서 왔다고 해서, 영어를 배우러 왔다. 당신들 정말 미국에서 온 것이 맞냐?" 하며, 계속 확인하려 들었다.

전도사인 그녀의 남편도 "미국에 있는 프린스턴 신학대학원에 가고 싶다"라며, 눈을 반짝였다.

"하나님께서 지금까지 인도하신 것처럼 앞으로도 함께하실 것이

다. 하나님이 허락하시면 두 분의 꿈이 이루어질 수 있으니 믿고 함
께 기도하자"

나는 그들을 위로하며 그 자리에서 손을 잡고 기도를 시작했다. 그
들은 결혼한 지 4년이 되었는데 아직 아이가 없다는 기도 제목을 내
놓기도 했다. 그런데 기도 대상자의 방을 정리하고 팔랑카선물를 넣
어주러 갈 때마다 그 자매는 강의는 듣지 않고 방에 누워있었다. "어
디가 아프냐?" 물었더니 "약 먹으러 왔다"며 귀찮아했다. 그래도 나
는 그들의 한 많은 사연을 듣고 함께 울고, 공감하며 기도해 주었다.
그리고 성경 말씀을 가르칠 때마다 "말씀이 깨달아지면 북한에 있는
가족들에게도 예수를 전해야 한다"라고 이야기했다.

나중에 그 자매가 은혜를 받고 나서 하는 간증을 들어보니, 처음에
는 강의가 지루하고 싫었다고 한다. 그런데, 강의가 계속되면서 성
령 충만을 체험하고, 자기 혼자 은혜를 다 받은 것 같다며 눈물을 흘
렸다. 남편이 전도사지만 자신은 믿음이 없었으나, 이제는 확고한 믿
음을 가지게 되었다고 한다. 주님이 하시는 일이면 "돼지가 강아지를
낳았다고 해도 믿는다"라고 했다.

나이가 가장 많은 탈북자 의사 부부는 처음에 남편이 사진도 찍지
않고 모든 것을 거부했지만, 점차 말씀을 듣고 성령의 임재를 경험한
후, 기타 치며 찬양까지 하는 기적의 역사가 일어났다. 우리가 떠난
후에도 그들이 주의 말씀에서 자기 삶의 해답을 찾고, 새 삶을 시작
한 한국에서 주님을 철저히 섬기는 삶을 살아가기를 기도했다.

선교지에 가면 우리는 마지막 시간에 세계지도를 놓고 그 주위를 돌며 기도한다. 이번에는 대한민국 지도를 놓고 통일되면 전도하러 가고 싶은 곳에 촛불을 꽂는 이벤트를 가졌다. 탈북자들은 지도를 돌면서 흐느끼며 전도하러 가고 싶은 곳에 촛불을 꽂았는데, 많은 사람이 제1 순위로 자기 고향을 꼽았다. 가장 많은 촛불이 꽂힌 곳은 함경도 회령이었다.

우리와 함께했던 강사들은 하나같이 남북통일이 되면 제일 먼저 북한에 가서 교회를 세우고 전도를 할 것이라고 침을 튀기면서 열정적으로 이야기했다. 그런데 간증과 발표에서 탈북자들은 "여러분들이 자꾸 북한에 가서 교회를 세운다고 하는데, 그럴 필요가 없습니다. 북한은 어디를 가나 김일성과 김정일의 사진이 있는 회당이 있습니다. 그 회당을 점령해서 사진을 떼어 버리고 십자가를 그 자리에 달면 그만입니다"라고 했다. 참으로 옳은 말씀이었다.

하나님의 말씀이 들어가면 탈북자들은 사명자로 변하기도 한다. 그들은 어서 빨리 북한으로 돌아가 가족들을 구원하겠다는 열망을 갖게 된다. 그래서 북한으로 돌아간 사람 중에는 순교자도 있고, 소식이 끊긴 사람들도 있다.

탈북자들은 하나같이 똑똑하고 발표력도 뛰어났다. 만약 남북통일이 된다면, 남쪽 사람들이 북한 사람들을 못 당하겠다는 생각이 들었다. 남한 아이들이 똑똑하다고는 하지만, 부모의 과보호 속에서 성장해서 비자립적인 면이 있는 반면에 북한 아이들은 태어나서부터 자유가 없는 독재 체제와 가난 속에서 살아남기 위해 강한 자립심을 가지고 있기 때문이다. 그들에게 있어서 김일성, 김정일, 주체사상이 마치 성부, 성자, 성령과 같아서, 오히려 삼위일체를 쉽게 이해하는 듯했다. 너무나도 다른 남북한의 통일은 반드시 복음을 통해 이루어져야 한다는 생각이 들었다.

나는 하나님께서 요셉을 미리 애굽에 보내셔서 그를 통해서 애굽과 이스라엘을 구원하신 것처럼, 탈북자들을 이 땅에 보내셔서 그들을 구원하시고, 북한을 위한 하나님의 도구로 사용하실 것이라고 믿고 있다. 탈북자를 대상으로 실시한 첫 선교였기에 크고 작은 착오가 있었지만, 주 안에서 하나가 되어 서로의 눈물을 닦아주며, 그들을 위로하고, 성령님의 임재와 우리 모두에게 주신 하나님의 은혜에 감사했다.

"모든 영광을 하나님께 돌립니다. 주님만이 하실 수 있습니다."

사역을 마친 후 우리는 각각 파트너를 정해서 그들이 사는 집을 방문했다. 나는 "진주"라는 여성의 집을 방문하기로 했다. 그 집은 나라에서 분양해 준 아파트로, 삼양동 꼭대기 동네에 있었다. 진주는 자기 집인데도 찾지를 못해 헤매다 간신히 찾아갔다. 아파트에 들어가 보니 집안에는 아무것도 없었다. 진주는 이곳에서 살지 않고, 계속 교회 기숙사에서 생활한다고 했다. 나는 시내에 가서 이불과 베개, 라면, 쌀 등을 사서 진주와 함께 밥을 지어 먹었다. 그리고 우리는 밤늦게까지 성경을 읽고 말씀을 나누었다. 그녀가 내게 "성부, 성자, 성령을 어떻게 이해해야 하나요?"라고 물었다.

"삼위일체란 성부, 성자, 성령이 한 하나님이시지만, 세 위격으로 영원히 구별되어 존재하신다는 뜻이다. 본질은 하나이시며, 하나님 되심과 영광과 권능은 동일하시다. 그러나 각 위격은 서로 다른 사역을 통해 우리에게 자신을 드러내신다.

예를 들어, 성부 하나님은 천지만물을 창조하시고 역사를 주관하신다. 성자 예수님은 인류의 죄를 대속하시기 위해 십자가에 죽으시고 부활하셨다. 성령님은 오늘도 성도들 안에 내주하시며 은사를 주시고, 우리의 연약함을 도우시며, 우리를 위해 친히 간구하신다.

이처럼 삼위일체는 한 하나님이 서로 다른 '모습'으로 바뀌는 것이 아니라, 본질은 하나이지만 위격은 영원히 구별되어 동시에 존재하시는 신비이다. 교회 역사 속에서 성부, 성자, 성령 하나님을 따로 분리하거나, 혹은 단순히 역할만 다른 하나의 존재로 보는 것은 모두 오류로 규정되어 왔다.

따라서 삼위일체는 인간의 언어와 비유로 완전히 설명할 수 없으나, 성경은 분명히 한 분 하나님이 세 위격으로 계신다고 증언한다."

그 후 진주는 여러 팀원 앞에서 간증했다.
"김라니 목사님이 성부, 성자, 성령의 삼위일체를 성경적으로 확실히 가르쳐 주셨다"고 고백했다.

그 눈물이 찬양이 되기까지

탈북자들은 수년 동안의 탈북 생활로 극심한 스트레스를 겪었고, 한국에 와서도 적응하지 못한 채, 가족도 없이 혼자서 살아가기 때문에 외로움에 시달리고, 심하면 우울증에 걸리기도 한다. 그래서 어떤 이들은 교회에서 생활할 수밖에 없었다. 더구나, 탈북 청소년들에게 있어서 남한의 학교는 이해할 수도, 적응할 수도 없는 세상이었다. 그들은 수업량과 학력 수준을 도저히 따라갈 수 없다.

북한에서 공부할 시기에 학교도 제대로 다니지 못하고, 산으로, 들로 먹을 것을 찾아 헤매다, 한국에 온 아이들은 자기보다 5~6살 어린 아이들과 공부해야 하는 현실에 자존심도 상하고, 사춘기가 되면 벌써 학교생활에 지쳐버린다고 한다. 탈북 청소년은 진정한 친구를 원하지만 친구를 사귀기 어렵다.

남한 사람들은 탈북자와 결혼하려 하지 않으니, 탈북자들은 결혼도 자기들끼리 한다. 이렇게 한국에 온 탈북자들은 겉은 남한 국민이지만, 속은 여전히 북한 주민인 것이다. 치열한 자본주의와 무한 경쟁으로 치열한 한국 사회는 사회주의 체제에서만 살아온 탈북자에게 넘기 힘든 장벽이다.

우리가 무너진 러시아에서 독립된 나라로 선교를 다니다 보면 그들 역시 무상으로 주는 옛 시대를 그리워한다. 우리 사회의 깊은 편견과 차별은 그들의 삶을 더욱 힘들게 만든다. 희망을 품고 찾아온 한국에서 점차 소외되고 열등감을 느끼게 되면서, 탈북자들은 남한 사회 속에서 살아간다는 것이 얼마나 어려운지를 깨닫게 된다.

남한 사회가 탈북자들에 대한 차별과 편견을 없애려는 노력을 기울이지 않고, 그들에게 일방적으로 참고 인내하기만을 요구한다면, 탈북자들은 계속해서 남한을 떠나 해외로 가려고 할 것이다. 그들에게 필요한 것은 정착금이나 사회복지제도가 아니라, 남한 사람들이 진심으로 그들을 받아들이고 신뢰하는 마음이다.

남과 북을 경험한 탈북자들이 통일의 가교 역할을 하게 하려면, 남한 사회에서 더 이상 주눅 들지 않고, 더욱 당당하게 살아가게 해야 한다. 이런 문제를 해결할 수 있는 곳은 교회뿐이다. 교회가 앞장서서 이러한 문제를 해결하는 것이 북한 선교의 하나이다. 탈북자들이 한국으로 오면서 통일은 이미 시작되었다. 탈북자들이 이 땅에서 자리를 잡고 북한이 열렸을 때 그 땅에 들어가 무너진 교회를 세울 수 있게 될 때 하나님께서 통일을 이루어주시리라고 생각한다.

우리 선교팀은 은혜동산을 통해 하나님의 사랑을 알게 하고, 하나님만이 이 세상의 등불이자 희망이라는 사실을 심어주었다. 이번 탈북자 선교의 목표는 은혜동산을 통해서 탈북자들이 인격적으로 하나님을 만나고, 성령 체험을 통해 하나님의 사람으로 변화되고, 함께

통일을 위해 기도하며, 통일돼서 북한 선교의 문이 열리면 고향으로 돌아가 교회를 세우고 전도자가 되게 하는 것이다.

탈북자 대부분은 집을 비워두고 교회에서 합동으로 숙식한다. 새벽에 일어나 새벽기도로 하루를 시작하고, 성경 통독을 한다. 교회에서는 성경 통독에 상품을 걸어 열심히 참여하도록 유도한다.

예를 들어 성경 100절을 암기하면 상품을 주겠다고 하면 열심히 외운다. 그렇게 성경 구절을 외우다 보면 더 이상 상품이 필요 없고, 성경의 진리가 깨달아지며 예수님이 이 땅에 오신 목적과 구원에 대해 깊이 이해하게 된다. 그 결과, 그들 스스로가 선교사로 나가겠다고 자원하기도 한다. 탈북자 선교는 그들의 구원뿐만 아니라, 변화된 그들이 선교사가 되어 두고 온 북한의 가족과 이웃을 구원하게 하기 위한 것이다. 그러므로 탈북자 선교는 남북한이 복음을 통해서 통일하기 위해 가장 먼저 해야 할 과제이다. 우리 선교팀은 해마다 두번씩 탈북자를 위한 선교를 하고 있다.

23 십자가가 하나도 보이지 않는 일본

　우리의 이웃 일본은 흔히 "복음의 불모지이자 선교사의 무덤"으로 불린다. 1573년 천주교가 전파되었으나, 도요토미 히데요시^{임진왜란을 일으킨 장본인}를 거쳐 도쿠가와 이에야스 시대부터 약 250년 동안 기독교인들은 가장 혹독한 탄압을 받았다. 이 시기의 순교자들과 그들이 겪은 처형 장면을 그린 작품이 바로 일본의 유명 작가 엔도 슈샤쿠의 소설 『침묵』이다. 일본 개신교 역사는 우리나라^{1884년}보다 25년 앞선 1859년 미국 북장로교의 의료 선교사인 헵번에 의해 시작되었다.

　흥미로운 점은 일본에는 종교를 두 개 이상 가진 사람들이 많아, 종교인 수의 총합이 일본 전체 인구보다 많은 웃지 못할 상황이 발생하기도 한다. 일본은 세계에서 종교적 색채가 가장 옅은 나라이며, 아기가 태어나면 신사에서 축하하고, 결혼식은 교회에서, 장례는 절에서 치르는 등 단일 종교를 고집하지 않는 경향이 있다고 한다.

　이처럼 어려운 조건을 극복하기 위해, 우리가 처한 상황에 대해서 의기소침하거나 결과에 의존하지 않고 오직 예수님만을 더욱 의지하기로 했다. 우리는 사탄이 틈타지 않도록 간절히 기도하며, 일본 나고야 공항으로 향했다. 마침내 1998년 동계올림픽이 열린 핫포네 스키장이 있는 나가노에 도착했다.

이곳까지 오는 동안 비행기 안에서 일본 땅을 바라보는데, 십자가가 하나도 보이지 않았다. 한국은 도시마다 공동묘지가 연상될 만큼 십자가가 많은데, 일본은 우상으로 가득 차 어둠의 영이 하늘을 덮고 있는 것처럼 보였다. 영적 전쟁을 준비하기 위해서, 전신갑주를 입고, 기도로 중무장해야겠다고 생각했다.

일본인들의 삶은 우상숭배가 그들의 풍속과 문화 속에서 일상화되어버렸다고 현지 선교사님들이 안타까워한다. 집집마다, 심지어 학교와 어린이집에도 크고 작은 우상들로 인해 어두운 역사가 자리 잡고 있다. 특히 많은 기독교인들도 혼합주의 신앙을 갖고 있었다. 그들에게 진정 필요한 것은 예수의 복음이다.

우리가 도착하자 현지 선교사님이 일본 교인들과 함께 교회 밖에서 찬양하면서 박수로 우리를 맞아주었다. 교회 안에서는 일본인들의 종교적 이질감을 전혀 느끼지 못했다. 우리는 프로그램 순서대로 3일 동안 말씀을 전했다. 뜨레스디아스 후보자들인 일본인들과 우리는 한마음이 되어 찬양으로 예배를 시작하고, 아름답고 은혜로운 율동으로 하나님께 영광 돌렸다.

예배에 참석한 일본인들은 순수한 사람들이었고, 의외로 복음도 잘 받아들였다. 성령님께서 역사하시는 가운데, 누가 먼저라고 할 것 없이 서로 손을 잡고 함께 기도했다. 선교팀이 방언으로 기도하자, 그들도 눈물을 흘리며 전심으로 하나님을 찾았다.

일본인들은 관계를 중요시하기 때문에, 관계를 맺지 못하면 전도가 힘들다고 한다. 그런데 함께 하나님을 찬양하고 기도하는 동안, 나는 우리가 하나님 안에서 관계가 맺어진 것 같다는 느낌을 받았다.

강의를 마치고 숙소로 돌아가고 있는데, 프로그램에 참여한 한 일본 여성이 달려오면서 나에게 "언니!"라고 부르며 다가왔다. 놀라서

그 눈물이 찬양이 되기까지

돌아봤더니, 그녀는 "당신은 내 언니입니다"라고 말했다. 영문을 몰라서 무슨 소리냐고 물었더니, 그녀는 내가 자기보다 더 젊어 보여서 동생인 줄 알았는데, 내가 더 나이가 많다는 것을 알고 "언니!"라고 불러봤다는 것이다. 다른 나라에서는 은혜를 받으면 나이와 상관없이 평등하게 형제자매로 받아들이지만, 일본 사람은 한국 사람처럼 나이를 따지는 것 같았다. 그러나 미국에서 오래 살고 있는 나는 그게 더 어색하게 느껴졌다.

우리 선교팀은 죽어가는 영혼들을 주님 앞에 돌아오게 하려고 온 힘을 다해 그들을 섬겼다. 그들이 복음을 분명하게 깨닫고 죄에서 돌아설 수 있도록 도우려고 했다. 일본의 세속적 문화와 고유의 다신적 종교 유산이 전도를 어렵게 하고 있지만, 많은 교회가 문화 교류와 사회봉사를 통해 일본 사회에 복음을 전하려고 애쓰면서, 예수님의 마음으로 그들을 섬기고 있다.

마지막 날이 되었을 때, 일본인들이 뜻밖에도 우리 선교팀에 너무나 고운 일본 찻잔 세트를 선물했다. 아름다운 찻잔을 보니, 향내 나는 차 한 잔을 대접받은 것 같은 기쁨이 느껴졌다.

일본 하면 널리 알려진 관광지가 온천 아닌가? 우리가 온천욕을 즐기는 동안 영적지도자이신 김광신 목사님께서는 그 추운 날씨에 밖에서 기다리고 계셨다. 안으로 들어가시라고 해도 밖에 앉아계시기를 고집하더니 그때부터 몸이 더 쇠약해진 것 같다. 우리는 온천욕까지 즐기고 일본 선교를 마치고 돌아왔다.

선교를 마치고 돌아와 일본을 생각할수록 그들의 어두운 모습이 떠올라 안타까웠다. 한국은 나라는 가난한데 국민 개인적으로는 부자 처럼 사는데 일본은 나라는 부자인데 국민들은 너무 가난하고 초라하게 산다. 아마도 국민성이 너무 검소해서 내 눈에 그렇게 보인지도 모르겠다.

"하나님 아버지, 일본 땅을 구하시옵소서. 주님의 거룩한 보혈로 일본 땅을 덮어 주소서."

"이제는 전에 멀리 있던 너희가 그리스도 예수 안에서 그리스도의 피로 가까워졌느니라 그는 우리의 화평이신지라 둘로 하나를 만드사 원수 된 것 곧 중간에 막힌 담을 자기 육체로 허시고"(엡 2:13~14)

그 눈물이 찬양이 되기까지

24 대만을 통해 중국 대륙을 하나님 나라로

 대만을 중국 본토에서는 중국의 속국이라고 우기지만 대만은 독자적인 헌법과 민주적으로 선출된 총통이 있다. 대만은 타이완섬을 비롯한 168개의 섬으로 이루어진 섬나라로서 수도는 타이베이이다. 우리가 잘 몰랐던 역사로는 청일 전쟁에서 일본이 승리하여 시모노세키 조약에서 승전 대가로 타이완섬과 랴오동 반도를 합병한 후부터 1945년 일제가 패망하기까지 대만은 60여 년간 일제 치하에 있었다. 그러나 조선인과 달리 대만인들의 저항은 대만의 독자적 민족의식에 따른 것이 아니었다. 대만인들로서는 외부 지배 세력이 서구네덜란드와 스페인 지배에서 청나라와 일본제국으로 바뀐 것에 불과했다. 오히려 대만인들은 일본사람과 끈끈한 유대가 있다.

 1949년 장개석의 국민당 정부가 내전에서 모택동에게 패하여 바다 건너 대만으로 옮겨왔다. 대만은 아시아 국가 중에서 민주주의 지수가 가장 높은 국가로 알려져 있다. 대만에는 "일관도"라고 하는 종교가 큰 유세를 떨치고 있는데 일관도는 유교 불교 도교를 비롯한 기독교 이슬람 교리까지 아우르는 전형적인 종교로 근본 교리는 유교에 두고 있다. 일관도는 중국에서 건너와 세계 80여 개국에 전파됐다고 한다. 누군가 전도를 했길래 그런 이상한 종교도 세계에 퍼졌겠지… 전도의 중요성을 새삼 깨닫게 된다.

어찌 되었든 대만은 민간신앙의 천국이다. 아시아에서 인도 못지않게 다양한 종교가 번성한 나라다. 전 국민 거의가 다 각종 종교를 믿으며 그중에서도 도교와 불교를 믿는 사람이 가장 많다. 그럼에도 불구하고 스페인과 네덜란드 선교사들이 대만에 들어가서 예수님을 전했다. 일제 강점기에 한동안 금지되었던 기독교지만 영국 장로교회에서 대만 선교를 다시 시작하여 많은 주민이 예수를 믿게 되었다.

특히 중국에서 패한 장개석의 국민당 정부가 대만으로 밀려오면서 중국에서 실패와 좌절을 경험한 많은 사람들에게, 기독교 신앙은 가정을 재건하고 낙심한 심령에 큰 힘을 주는 희망과 축복의 통로였다

고 한다.

이번 대만 집회에서는 각 지역에 흩어져서 사역하던 많은 선교사님들의 열정적인 강의와 단기 선교팀의 헌신적인 섬김과 전도를 통해 초대교회 오순절 마가의 다락방에서 일어난 성령의 역사가 재현되었다. 그 열기가 얼마나 뜨거운지 성령의 임재가 바람처럼 불처럼 온 대만의 하늘에 가득 찼다.

하나님의 살아 역사하심이 패역한 이 세대에 나타나고 증거되는 찬양의 눈물이 하늘을 메웠다. 전도를 통해서 집회에 참석한 대만 현지인과 우리 선교팀은 한마음으로 계속해서 할렐루야를 외치며 감격했다. 집회에 참석한 사람들이 모두 죄를 고백하고, 주님을 구세주로 받아들이겠다고 선언했다. 수많은 사람이 주님의 용서와 사랑을 경험하고 기쁨의 눈물을 흘렸다.

우리는 열정과 순수함을 가진 대만 사람들 속에서 강하게 역사하시는 성령님을 목격했다. 대만인들을 향한 하나님의 사랑이 절절하게 느껴졌다. 이제 대만 기독인들을 통해 중국도 하나님 나라로 변화되기를 소망한다. 중국 대륙이 하나님의 나라로 일어나고 예루살렘과 이스라엘 땅과 온 세계가 주님의 뜻을 이루게 됨을 믿는다. 대만과 한국이 연합되어 쉬지 않고 할렐루야를 외쳐 불렀다. 주님의 은혜가 너무 커서 온통 눈물바다를 이루고 있었다. 기뻐서 흘리는 눈물은 불꽃처럼 뜨겁기 마련이다.

대만 집회를 마치고 우리는 한국 연천으로 탈북자 선교를 갈 계획이었는데 전날 밤에 연천에서 북한의 만행으로 총격전이 일어났다는

대만의 선교페스티발은 영적각성으로 대만을 일
깨우는 계기가 되었다. 대만의 재벌가이신 왕자
매님의 헌신과 물질 지원을 기초로 해서 하나님
이 역사하셨다. (가운데 분이 왕자매님)

비보를 받았다. 결국 그들을 위한 집회는 연기됐지만 한국 전국에 흩
어져있는 탈북자들의 교회를 일일이 방문해서 격려와 예배를 드리기
로 했다. 주님이 구름기둥 불기둥으로 인도하심을 믿고 밀고 나갈 것
이다.

"섬들아 내 앞에 잠잠하라 민족들아 힘을 새롭게 하라 가까이
나아오라 그리고 말하라 우리가 서로 재판 자리에 가까이 나
아가자"(사 41:1)

25 미얀마의 감색 옷 입은 어린 중들, 마음이 아팠다

　미얀마는 여러 민족이 모인 나라로 그중 다수 민족인 버마족의 이름에서 따온 버마라는 국명으로 오랫동안 불렸다. 그런데 1989년 미얀마의 군사 정권이 "버마"라는 이름이 영국 식민지 시대의 잔재이며, 버마족 외에 다른 135개의 소수민족이 있어 이 이름이 적합하지 않다며, 더 오래된 이름인 미얀마로 국호를 공식 변경했다.

　우리 단기 선교팀은 미국에서 세 번의 비행기를 갈아타고 18시간 만에 미얀마에 도착했다. 비행기 연결이 원활하지 않아 방콕에서 8시간, 서울에서 5시간을 기다려야 했다. 방콕 공항에는 이름도 모르는 한국 드라마의 남녀 주인공이 나온 대형 포스터를 붙여놓았는데, 그곳에서 사람들이 기념사진을 찍느라 난리들이었다.

　미얀마는 아직도 군부 통치 아래 있다. 공항은 경비가 삼엄했는데, 조용하다 못해 눈에 보이지 않는 어떤 압박감이 느껴졌다. 마약이 가장 많이 유통되는 곳이라서 그런지 사람들의 눈이 게슴츠레하고, 마치 비몽사몽인 상태로 움직이는 것처럼 보였다. 할 일이 없고, 먹을 것도 없는 사람들이 뙤약볕에 쏟아지는 빗줄기를 멍하니 쳐다보며 처마 끝에 그냥 서 있었다. 폭풍우 같은 비가 내려서인지 천지가 다 녹색으로 아름답게 물들어 있었지만, 사람들은 하루에 두 끼 식사만 해서 그런지 모두 삐쩍 말라 보였다. 우리가 선교하러 간 그 당시 미얀마에서는 TV라고는 술집과 음식점에만 있어서 저녁이면 사람들이 그곳에 모여서 TV를 본다. 마치 우리나라의 육십년대 같았다. 극장은 간판마다 한국 배우들의 얼굴뿐이고, 버스에는 한국말로 "손조심" "천천히" "몽땅" 등의 한국말이 적혀 있었는데, 한국에서 쓰던 차를 들여와서 부품만 바꾸어서 그대로 사용하는 것 같았다.

숙소로 가던 중 감색 옷을 입은 어린 중들이 손을 모으고 일렬로 길을 걷는 모습을 보니 전생을 헤메고 있는 느낌에 정신까지 몽롱해졌다. 저 어린 영혼들이 불쌍해서 어떻게 하지 하는 생각에 가슴이 아렸다.

그 눈물이 찬양이 되기까지

사람들은 먹을 것이 없어 피폐한 데, 사방에 있는 절들은 황금으로 칠해져 있었다. 거리마다 코끼리상이 많이 보였다. 코끼리를 신으로 모시는지, 자동차와 거리 곳곳에 코끼리 모양이 그려져 있었다.

미얀마 하면 전두환 대통령을 암살하려는 아웅산 테러 사건을 잊을 수가 없다. 아니, 대체 미개한 사회주의 나라에서 뭘 배우겠다고 이런 나라에까지 와서 이범석 외무부 장관을 비롯해 많은 관료들의 목숨을 앗아가는 일을 당했을까 하고 울분이 터졌다.

어떤 장군의 집을 빌린 것이라는 선교사님의 집은 꽤 크고 좋았다. 그 집은 미얀마의 양곤에 자리 잡고 있었는데, 그곳은 군인이나 실세들만 사는 곳이라고 한다.

미얀마 선교사님은 신학교를 세워서 학교에서 식사와 숙박을 무료로 제공하며 교육하고 있었다. 그곳의 많은 신학생이 밤낮으로 열정적으로 기도하는 모습을 볼 수 있었다. 주일이면 그들은 고향에 가서 자기 교회에서 예배를 인도한다고 한다. 우리 일행은 첫 사역지로 학생이 이끄는 교회를 방문하기로 했다.

버스와 카누를 타고 한 시간을 간 다음, 다시 버스로 한 시간을 이동하고, 또 배로 두 시간 바다를 건너서 정글 속에 있는 한 작은 섬에 도착했다. 누군가가 섬에 들어갈 때 신발을 벗어야 한다고 해서 하나님께서 모세에게 신성한 땅에서 신을 벗으라고 하신 말씀이 떠올랐는데, 신성한 땅이기 때문에 신발을 벗으라고 한 것이 아니었다. 땅이 진흙으로 뒤덮여서 허리춤까지 진흙에 빠질 수 있으니, 신발을 벗어서 들고 가야 했다.

양쪽에서 현지인들의 부축을 받으며 간신히 5분 정도 걸어갔더니 마을 교회가 나왔다. 그곳에서는 많은 아이와 현지인들이 나와서 우리를 반가워하며 환영해 주었다. 그들의 발을 씻겨주고자 하는 마음으로 섬기려고 왔는데, 오히려 그들이 양동이로 물을 길어와 우리 선교팀 한 사람, 한 사람의 진흙으로 뒤범벅이 된 발을 씻겨주었다. 땅이 질어서 집을 원두막처럼 장대 위에 세워 놓았기 때문에, 그곳으로 기어 올라가기도 쉽지 않았다. 도와주러 왔지만, 도움을 받지 않을 수 없었다.

VBS 학생팀이 아이들에게 성경 말씀을 가르치고 성극을 준비하는 동안, 다른 한쪽에서는 주민들에게 약을 나누어주고, 이빨을 치료하고, 머리를 잘라주었다. 미용팀인 나는 아마 150명의 머리를 깎아주었을 것이다.

미얀마 사람들은 씹는 담배인 꽁야kunya를 입에 달고 산다. 이것을 씹으면 빨간색 물이 나오는데 물을 계속 뱉어가면서 씹는다. 그래서

그 눈물이 찬양이 되기까지

길바닥이 빨갛게 얼룩
져 있다. 사람들의 입술
도 모두 빨갛게 물들어
있는데, 립스틱처럼 예
쁜 빨간색이 아니라, 마
치 드라큘라가 피를 흘
린 것처럼 보였다. 길거

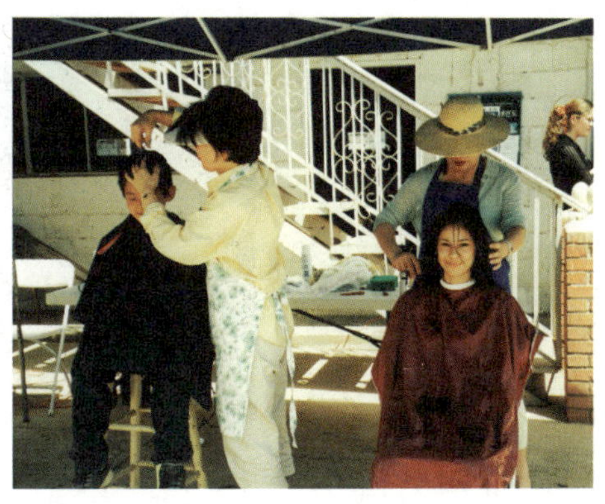

리 어딜 가도 꽁야 장사를 쉽게 만날 수 있다. 치약을 대신해서 사용
하기도 하는 꽁야는 환각을 일으키기도 한다. 선교지에 가면 치과 의
사들이 제일 힘들다고 하는데, 미얀마에서는 그들의 빨간 이를 치료
하느라 더욱더 고생했다.

봉사활동을 끝낸 우리는 예배를 드리고 나서, 선물 보따리를 풀었
다. 그리고 "우리는 예수님 때문에 이곳에 와서 여러분들을 만난 것
이다"라고 설명해 주었다. 당장은 전도의 열매가 보이지 않지만, 언
젠가는 그 열매가 맺힐 것이라고 믿는다.

미얀마는 오랫동안 영국의 지배를 받았기 때문에, 50세 이상의 사
람들은 영어를 잘한다. 그러나 젊은 사람들은 전혀 영어를 못하는데,
예전에 우리나라에서도 일제 치하에서 살았던 나이 든 사람들은 일
본어를 잘하지만, 젊은이들은 일본어를 하지 못하는 것과 비슷하다.

집회 중에 아픈 자들에게 안수하니 병이 낫는 역사가 계속 일어나,
집회가 좀처럼 끝이 나지 않았다. 음식을 소화시키지 못해 뼈만 남은
아이들, 귀신 들린 아주머니, 하루 종일 고개만 끄덕이고 있던 아이

들 모두 주님의 은
혜로 치유되었다.

"할렐루야!"를 외
치며 손뼉을 치고
하나님을 찬양하는
그들의 모습을 보며
우리 선교팀도 서로 끌어안고 하나님의 역사하심에 눈물을 흘렸다.

예배를 마친 후 현지인들과 식사를 나누고 아이들에게 장난감과 과자를 나눠주었는데, 그중 한 아이가 선물을 받고서는 약삭빠르게 다시 뒷줄에 가서 이중으로 받았다. 그 모습을 보았지만, 현지 선교사님은 그냥 눈감아 주라고 하셨다.

다시 치유 집회를 마치고 돌아오려는데 마음이 무거웠다. 우리 선교팀과 현지인들은 그동안 함께 지내면서 정이 많이 들었나 보다. 헤어지고 싶지 않은 우리는 서로를 포옹하며 온통 울음바다가 됐다. 선교지에 가면 절대로 다음에 다시 온다는 기약을 하지 말아야 하는데, 우리는 하나님이 뜻이 있다면 다시 오겠다고 다음을 약속했다. 그리

고 입었던 옷가지 등, 나누어 줄 수 있는 것은 모두 다 주고 그곳을 떠났다. 많은 사람이 하나님을 알게 되었고 진심으로 하나님께 찬양한다고 느껴졌다.

그 눈물이 찬양이 되기까지

배를 타고 무사히 섬을 빠져나온 것까지는 좋았는데 육지에 나오니 버스가 끊겼다. 항구 근처에서 한참을 기다리며 서성이고 있는데, 지역 경찰들이 다가왔다. 우리는 여권을 압수당하고 경찰서에서 밤을 보내야 했다. VBS 팀 학생들은 여기저기서 흐느끼기 시작했다.

지도자들이 내일이면 나갈 수 있다고 달래도 학생들은 잠을 이루지 못했다. 바울과 실라가 빌립보 감옥에서 기도하며 찬송을 부를 때 감옥 문이 열리고 그들이 풀려나온 이야기가 떠올라서, 학생들을 위로하며 기도해 주었다. 나는 이상하게도 마음이 불안하거나 두렵지 않고 평온했다. 백팩을 베개 삼아 시멘트 바닥에서 잘 자고 일어났다. 아침에 선교사님의 집 주인인 장군의 도움으로 무사히 풀려났다.

미얀마를 떠나오는 비행기 안에서 손끝부터 발끝까지 안 아픈 곳이 없을 정도로 온몸 근육과 뼈마디가 쑤셨다. 나는 치유의 하나님 "여호와 라파!"를 부르짖으며 아픈 곳을 낫게 해달라고 기도했더니, 놀랍게도 온몸의 피로가 싹 사라졌다. 할렐루야!

비행기를 타고 돌아오는데, 현지에서 치과 의사 선생님이 사랑니를 뽑아줄 때, 너무나 아프다고 울부짖던 한 환자의 모습이 머릿속에서 떠나지 않았다. 마취를 충분히 하고 이빨을 뽑았지만, 입 근처가 퉁퉁 부풀어 오르고 사랑니를 뺀 곳이 너무나 아프다며 눈물 흘리던 늙수그레한 그 현지인이 자꾸 눈에 밟혔다. 나는 그가 덧나지 않고 잘 회복되기를 기도하며, 비행기에서 내내 그를 위해 기도를 했다. 나를 치유해 주신 하나님이 그 현지인도 치유해 주시리라고 믿는다.

<u>26</u> 네팔 현지 선교사님을 위한 선교

"하루에 1분만 기도해 주세요"

네팔은 세계의 지붕이라고 불리는 티베트 고원과 남아시아의 히말라야 산맥을 포함 온통 산으로 둘러싸인 나라로, 산악 지형 때문에 인도를 통하지 않고는 이동이 자유롭지 않은 나라이다.

국민은 인도계가 70% 이상이고 나머지가 티베트계와 미얀마계이다. 인구가 3천만 명이나 되고 국토 면적도 남한의 1.5 배일 정도로, 결코 작은 나라가 아니다. 인도는 오랫동안 영국의 지배를 받았지만, 네팔은 영국과 용감히 맞서 싸워 승리한 나라로, 불교의 종주국이며 6세기경에 네팔에서 왕 슈도나리와 마야부인 사이에서 석가모니가 탄생했다. 실제로 석가모니의 고향이기도 하다.

수도 카트만두에는 티베트에 살고 있는 몽골계와 인도아리아계의 사람들이 대규모로 살고 있다. 힌두교도들이 주류로, 그들에게는 이 세상의 모든 것이 신이다. 그들이 믿는 신은 6억 개가 넘는다고 한다. 집집마다 앞마당에 작은 신전이 있거나, 벽에 홈을 파서 신상을 모신다. 가게나 미용실, 식당, 사무실에까지 작은 신전을 만들어 놓고 향을 피운다. 이들은 살아있는 소녀를 간택하여 "쿠마리"라는 이름의 신으로 만들고, 네팔의 신으로 숭배한다. 쿠마리가 사원의 작은 창문을 통해 얼굴을 비치면, 사람들은 이를 구경하느라 난리이다.

미문 앞에는 거지들이 앉아있는 모습을 볼 수가 있다. 힌두교도들은 동물의 희생 제사를 통해 집안의 재앙을 피하고, 사후에 인간으로 환생하거나, 궁극적으로 구원에 이를 수 있다고 믿는다. 개가 죽은 사람의 영혼을 염라대왕에게 인도한다고 믿어 숭배하기도 한다.

여인들은 이른 아침부터 카트만두 시내를 벗어난 산 중턱에 있는 "덕친칼리"에서 꽃, 과일, 염소, 닭 등을 제물로 바치기 위해 긴 행렬을 이루면서 산을 오른다. 그들 모두 축복의 상징인 티카를 이마에 바르고, 아름다운 옷을 입고 제물들을 머리에 이고 가는데, 그 행렬이 장관이다.

그 눈물이 찬양이 되기까지

네팔은 한국 선교사들이 많은 나라로도 유명하다. 네팔은 한국을 비롯한 미국, 캐나다에서 온 선교사들이 많이 모여 있다. 그러다 보니 하나님의 일을 더 잘해 보려다가 의견이 달라서 가끔 선한 싸움을 하기도 한다. 우리 미국 선교팀은 선교사님들을 돕고 위로하기 위해 선교지를 찾아갔다. 선교사님을 대상으로 하는 선교라기보다는, 불안정한 조건과 사람들 때문에 지치고 피곤하고 상처받은 선교사님들의 노고를 위로하고 그 상처를 보듬어주려는 것이 목적이었다.

네팔로 떠나기 전에, 선교 현장에서 일하다 보면 자기 고집이 세져서 선교사님들이 남의 말을 잘 경청하지 않을 것 같아서, 이번 선교 여행이 그 어느 때보다 힘들지 않을까 하는 우려가 앞섰기 때문에 우리는 다른 때보다 더 많은 기도를 하고 떠났다. 그런데 예상을 뒤엎고 하나님의 놀라운 역사가 일어났다. 우리는 뜨레스디아스 프로그램을 통해서 선교사님들을 새신자 돌보듯이 마음의 상처를 치유받게 하고, 세심하고 따뜻하게 돌보면서 함께 기도하고 말씀을 나누고, 찬양하고, 또 끼니때마다 정성껏 밥상을 차려드렸다.

낯선 땅에서 오랫동안 지치고 외로웠던 선교사님들 속에서 감사가 흘러나왔고, 진심으로 마음을 털어놓으셨다. 직접 만나 오해를 풀고, 서로 손을 맞잡고 회개의 눈물을 흘리며 기도하는 선교사님들이 참 아름다웠다. 역시 하나님이 보내신 선교사님들이라 달랐다.

"무엇보다도 뜨겁게 서로 사랑할지니 사랑은 허다한 죄를 덮느니라"(벧전 4:8)

당신이 사랑하시는 종들에게 이 치유의 시간을 허락하신 주님의 놀라운 계획과 섭리에 찬양과 경배와 영광을 올려드린다.

그동안 많은 선교를 다니면서도 이렇게 가슴이 뭉클했었던 적은 처음인 것 같다. 선교사님들을 위해 이 프로그램을 기획한 렉터 홍석구 장로님이 정말 훌륭한 발상을 하셨다는 생각이 들었다. 홍석구 장로님은 전 세계에 흩어져 있는 어려운 선교사님들을 일일히 찾아다니면서 말씀과 물질로 후원하시는 분이다..

이번에 우리는 특공대처럼, 강하게 들어갔다가 뒤로 빠져주는 역할을 맡았다. 우리의 사역이 끝난 후, 선교사님들은 우리 팀에게 깜짝 파티를 열어주셨다. 세상에! 우리가 섬겼던 그대로, 선교사님들이 우리를 섬기며 프로그램을 진행하셨다. 선교사님들이 모두 하나 되어 우리를 섬기는 모습을 보니, 성령 하나님께서 그들의 마음을 하나하나 어루만지셨음을 확실히 알 수 있었다. 선교사님들이 우리에게 카드를 주셨는데 이 카드 속에 감사의 글을 남기셨다.

네팔에는 전국 각지에서 모인 한국 선교사들이 많아서 선교사들만 다니는 교회가 있다. 담임목사님이 따로 있는 것이 아니라 선교사들이 돌아가며 말씀을 전하는데, 이 또한 은혜가 넘치는 예배였다. 세계 각국에서 모였기 때문에 때로 분란이 일기도 하지만, 협력해서 팀 사역이 잘 이루어진다면 누구도 생각지 못했던 놀라운 사역을 펼칠 수 있다.

그 눈물이 찬양이 되기까지

27 선교사를 만나면 운명이 달라진다

　미국으로 돌아왔을 때, 유난히 가는 몸집에, 적지 않은 나이인데도 이것저것 가리지 않고 열심히 일하시던 김 선교사님이 자꾸 생각이 났다. "네팔을 위해서 하루에 1분만 기도해 주세요"라고 하신 선교사님의 그 작은 소망을 잊을 수가 없었다.

　정확히 두 달 후, 나는 성령님의 인도하심을 따라 김 선교사님을 찾아 다시 홀로 네팔 땅을 밟았다. 다른 선교사님들은 번듯한 아파트에 살고 계셨지만, 김 선교사님은 물도 제대로 나오지 않는 작은 방에서 살고 계셨다. 집세를 아껴서 현지인을 도우려고 그렇게 검소하고 사신다고 하셨다. 미국에서 의사로 살아가는 아들의 도움도 마다하고 홀로 씩씩하게 선교지로 나온 것이다.

　히말라야산맥 꼭대기에서 해 뜨는 모습을 보기 위해 선교사님과 나는 이른 새벽부터 산을 타기 시작했다. 이른 시간이지만 산 밑에 꽤 많은 관광객이 모여들었다. 산길은 버스가 다니지 않아서 할 수 없이 택시를 탔다. 택시 운전사가 우리가 외국인이라고 얕잡아 보고 바가지를 씌우려 하자, 선교사님이 "나는 이곳 현지 사람이니 속일 생각하지 말라"며, 당당하게 합당한 가격을 요구하셨다. 그렇게 하지 않으면 매번 당하기 일쑤라고 하신다. 작은 선교사님이 어찌나 씩씩하던지 카리스마 넘치는 작은 거인 같았다.

버스마다 사람들로 가득했다. 마치 6·25 전쟁 때 피난가던 모습처럼, 사람들이 버스 지붕 위까지 올라가서 매달려서 가고 있었다. 우리도 버스를 타고 경찰서와 학교 등 공공장소를 방문했는데, 가는 곳마다 탁구대나 크리켓장영국식 야구장 같은 시설이 필요하다고 한다.

"선교는 기도와 순교와 전쟁"이라는 문구가 있지만, 선교에는 돈이 필요하다. 선교지에 가서 돈을 쓰면 안 된다고 하는 건 어리석은 말이다. 성경에도 "목마른 자에게 물을 마시게 하지 아니하며 주린 자에게 음식을 주지 아니하였구나"(욥 22:7)라고 책망하는 말이 나온다. 베풀지 않고서는 아무것도 할 수 없다. 선교사를 파송한 본 교회 교인들은 크고 작은 후원을 통해서 모두가 '보내는 선교사'로 헌신하고 있다.

네팔 사람들은 예전에는 인도가 그들의 로망이었지만, 지금은 한국을 좋아하는 사람들이 많다. 한국에 가보는 것이 그들의 소원이다. 선교사님은 한국어 학교를 세워 한국어를 가르치며 매년 한국어 시험을 보게 한다. 그리고 시험에 합격한 사람은 한국에 취업할 수 있도록 돕는다. 한국이 다른 나라보다 임금이 높다는 이유로 많은 네팔 사람이 한국어를 배우고 있었다.

우리는 성제라는 청년의 집에서 하룻밤을 묵었는데, 도마뱀이 그

그 눈물이 찬양이 되기까지

집 다락방 벽을 뚫고 기어다녀서 나는 너무 놀라 기절할 뻔했다. 새벽이 되니 수탉 울음소리와 송아지 울음소리가 동네를 깨웠다. 그 정경이 한국 시골 풍경 같아서 너무나 정겹고 반가워서 마음이 평안해졌다. 새벽기도를 마친 후, 아침으로 신선한 달걀과 직접 짠 우유를 먹자마자 곧 사역을 시작했다. 네팔에는 당뇨병 환자가 많았다. 혈당 측정기를 준비해 간 나는 줄 선 사람들의 혈당수치를 일일이 체크해 주었다. 나는 그들에게 안수기도해 주고, 탄수화물을 줄이고 운동을 많이 하라는 등의 건강 상식을 일러주었다. 멀리서 아침부터 커다란 광주리를 머리에 이고 일터로 나가는 여성들의 모습이 정겨웠다.

우리는 다시 버스를 타고 선교사님이 세운 유치원에 가서 아이들과 그림을 그리며 하나님의 말씀을 전하고, 한국말 찬양을 가르치며

한국에 취업하기 위해 한국어 시험을 보는 수많은 네팔인들

즐거운 시간을 보냈다. 성 제는 선교사님이 선교해 서 얻은 수제자인데 선교 사님에게 한국어를 배워 네팔인들에게 한국어를 가르쳐 많은 제자들이 한 국에 취직할 수 있게 도와

주었다. 하나님 안에서 만남이 이뤄지면 원하던 꿈도 이룰 수 있다.

내가 예수님을 만나 네팔 땅까지 온 것처럼, 네팔에서는 한국 선교 사님을 잘 만나면 한국으로 유학 갈 수 있는 길이 열리고 팔자가 펴 진다는 소문이 있다. 지금은 성제가 선교사님을 어머니처럼 섬긴다. 팔십이 다 된 선교사님이 한 청년을 전도해서 지금은 그 청년 성제와 함께 한국 학교를 세워서 많은 학생을 그곳에서 가르치신다. 그리고 그 학생들은 한국 유학을 꿈꾸며 오늘도 열심히 한국말로 복음을 배 우고 있다.

요한과 베드로는 예수님을 만나서 사람을 낚는 어부가 되었다.

"말씀하시되 나를 따라오라 내가 너희를 사람을 낚는 어부가 되게 하리라 하시니"(마 4:19)

내가 가장 좋아하는 성경 구절이다. 얼마나 멋진 말인가. 앞으로 네팔 땅에서도 사람을 낚는 어부가 많이 배출되리라 믿는다.

그 눈물이 찬양이 되기까지

28 '아, 태국에도 성령님의 역사가 일어나는구나'

태국 하면 가장 먼저 떠오르는 것이 멋진 대머리 배우 율 브리너와 여신 같은 배우 데보라 카가 주연한 영화 "왕과 나"이다. 영화에서 태국 왕가의 가정교사인 데보라 카가 왕자들에게 지구 반대편 영국에서는 하늘에서 솜처럼 하얀 눈이 내린다고 설명하는 장면이 기억에 남는다. 그 덕분에 태국은 눈이 오지 않는 더운 나라라는 사실을 알게 되었다.

태국은 국교가 없고 종교의 자유도 보장하지만 불교, 시크교, 기독교, 힌두교, 이슬람교 이 5개 종교에 한해서만 신앙의 자유를 허락한다. 태국에서는 전체 인구의 95%가 불자이다. 국왕도 반드시 불자여야만 한다. 태국 문화에서 불교가 차지하는 비중은 상당해서, 성인

남자들은 일생에 한 번이라도 절에 들어가 승려가 되어야 할 정도다.

나는 그렇게 많은 선교를 다니면서도, 당시 여권 만기 기간이 6개월이라는 사실을 몰랐다. 선교 떠나는 날, 내 여권의 유효 기간이 한 달밖에 남지 않았다는 사실을 알게 되었을 때, 모두 놀라며 출입국 심사대에서 통과되지 않을지도 모른다고 걱정했다. 그러나 나는 걱정하지 않았다. 성령 하나님의 음성을 들었기 때문이다. 결국, 하나님의 은혜로 오가는 길에 무사히 통과되었다. "하나님 감사합니다."

선교 떠나는 첫날부터 하나님은 우리의 기도를 들으시고 응답하셨다. 하나님께서 태국 땅에 가서 전도하고 돌아오라고 하셨으므로, 나는 한 사람, 한 사람에게 정성을 다해 말씀을 전했다. 전도 폭발팀 30명은 한의사 세 명을 포함하여 세 팀으로 나눠서 교회들을 방문하며 사역을 시작했다.

우리가 간 곳은 태국 수도인 방콕 한복판에 있는 작은 교회였다. 임 선교사님이 1년 전에 개척한 아주 작은 교회였다. 선교사님은 처음으로 단기 선교팀이 왔다며, 좀처럼 흥분을 가라앉히지 못하셨다. 우리는 교회에 간이침대를 펼쳐놓고 침 사역을 시작했다. 날이 워낙 무더웠고, 시내 한복판이라 아침에는 사람들을 구경할 수가 없었다. 우리는 사람들이 많이 방문하게 해달라고 기도했다. 오후가 지나면서 사람들이 하나둘 모습을 드러냈다. 그나마 그 교회 교인들이 데려온 사람들이었다.

우리는 한 사람이라도 오면 천하보다 귀한 영혼으로 모시며 치료받을 곳으로 안내했다. 아픈 사람들이 인체를 그린 그림을 보고 자신이 아픈 부위를 가리키면, 한의사 선생님은 그에 맞는 침을 놓아주었고, 권사님은 간호사 역할을 하며 환자의 몸을 소독하고 닦아주었다. 또 다른 팀원은 말씀을 전하는 등, 삼박자가 잘 맞는 사역이었다.

어깨나 허리가 아픈 사람, 초기 중풍 환자까지 다양한 사람들이 치료를 받기 위해 찾아왔다. 의사 선생님은 초기 중풍 환자에게 "당장 치료하지 않으면 큰 중풍이 올 수 있다"라고 경고했는데, 그분은 삼일 연속으로 치료를 받으러 왔다. 한의사 선생님은 고된 줄도 모르고

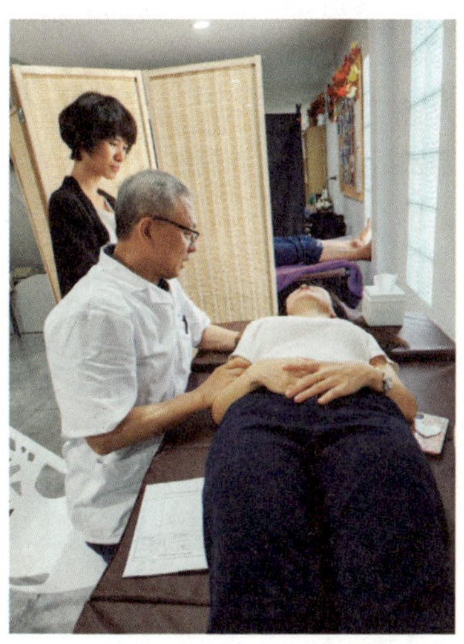

쉬지 않고 사역을 이어나갔다.

나는 선교 나오기 전에, 이제는 나이가 들어서 선교는 그만하고 글이나 써야겠다는 생각을 했는데 이번 선교 경험을 통해 오히려 선교 사역에 뛰어들 용기를 더욱더 갖게 되었고, 사람들에게 말씀을 전하는 것이 정말로 즐거운 일이라는 것을 알게 되었다. 그래서 미국에 돌아와 영어로 하는 전도폭발 프로그램을 정말 열심히 공부하여 드디어 졸업장을 받았다.

기회만 되면 언제든지 최선을 다해 선교지로 떠나야겠다는 마음도 생겼다. 나이가 들었어도 하나님께서 그만두라 하실 때까지 나를 위해서 예비하시고 계획하신 그 길을 계속 걸어가야 하지 않겠는가?

침 사역이 끝나자 우리는 치료를 받은 사람들을 위해서 열심히 기도해 주었다. 그리고 태국어로 쓴 전도지를 직접 읽어보라고 보여주면서 하나님의 복음을 전했다. 그들이 알아들은 듯 고개를 끄덕일 때마다 우리는 '아, 성령님의 역사가 일어나는구나!' 하며, "주님 감사합니다. 감사합니다" 하면서, 계속 성령님의 개입을 요청하고, 감사했다.

그곳에서도 성경에서 기록된 대로 병든 자들이 치유되는 기적이 일어났다. 한 할머니가 손을 심하게 떨며 들어 올리지도 못했는데, 침을 맞고 기도를 받고 나서 손 떨림이 사라지고, 손을 머리까지 올리기도 하고, 그 손으로 차려놓은 음식을 떠서 드셨다. 할머니는 너무나 기뻐하며 계속 내 팔을 잡아당기고, "이거 보라"고 팔을 들어 올리며 함께 기쁨을 나누고 싶어 했다.

미국에서는 침 한 방에 중풍 환자가 나았다는 말을 들어본 적이 없었지만, 열악한 환경에서 하나님은 기적과 기사와 표적을 보여주신다. 인도에서처럼, 이곳에서도 하나님이 기적을 나타내셨다. 할머니는 "다음 주부터 꼭 교회를 다니겠습니다"라며 결신을 하셨다. 선교의 열매가 맺어지고, 우리 모두 큰 소리로 할렐루야를 외쳤다.

한 사람의 의술이 이렇게 많은 사람을 치유하고 행복하게 하는 모습을 보니, 한의사가 한없이 존경스럽고 부러웠다. 그렇다고 침술을 배우기는 너무 늦은 나이이니, 내 몸이라도 아프지 말고 건강하게 지키면서 하나님께 쓰임 받을 때까지 열심히 선교해야겠다는 생각이 들었다.

그 옛날 조선에 들어온 해외 선교사님들이 학교를 지어 사람들을 문맹에서 벗어나게 하고, 병원을 지어서 환자들을 치료하며 예수님의 구원 소식을 전했듯이, 우리가 가는 곳마다 한방 등의 의료 사역으로 아픈 곳을 고쳐주며 전도하니, 사람들은 자기 종교가 불교건 무교건 상관없이 스펀지처럼 예수님을 구세주로 받아들이는 놀라운 일이 일어났다.

하나님은 우리의 사역을 돕기 위해 꼭 필요한 사람을 보내주셨는데, 그녀는 한국 남자와 결혼한 현지 여성이었다. 그 자매는 한국어를 유창하게 구사하면서 태국어로 통역을 해 주었다. 하나님은 우리의 사역을 위해서 다른 보조자들도 보내주셨다. 사역지가 방콕 시내 한복판이어서 국제학교에 다니는 학생들도 있었고, 학교 선생님들,

그리고 영어를 구사하는 사람들이 있어 전도가 수월했다.

태국 사람들은 대부분 불교 신자이고, 예수에 대해서 들어본 적도 없는 사람들이 많았다. 우리는 "예수님은 하나님의 아들로서 우리를 구원해 주시기 위해 이 땅에 오신 분이다. 여러분이 믿는 우상은 사람들이 만든 것이며 참 신이 아니다. 그러니 여러분은 우상에게 절하지 말고, 하나님께만 예배드려야 한다"라는 말씀을 전했다.

그러면 태국 사람들은 하나같이 알겠다면서 고개를 끄덕이고, 영접 기도문을 읽으라고 하면 열심히 읽고 "아멘!"을 한다. 그래서 신이 나서 "이곳에 하나님을 예배하는 교회가 있으니, 주일에는 꼭 이곳에 와서 예배를 드리라" 하고 당부하면 하나같이 고개를 끄덕이며 오겠다고 한다.

첫날에 이렇게 전도 활동을 해서 우리는 18명 모두 예수님을 영접하도록 도왔다. 선교사님과 우리는 신이 나서 이런 추세라면 많은 열매를 맺을 수 있겠구나 하고 기대를 했는데 그다음 날은 숫자가 많이 줄었다.

우리는 뙤약볕 아래 길거리나 가게를 돌며 전도지를 나누고 주고, "이 교회에 오면 침술로 병을 고쳐주고, 맛있는 음식도 대접하는 큰 잔치가 열리니 꼭 오라"고 초대했다. 사람들은 모두 올 것처럼 끄덕이면서 대답했지만, 막상 잔치를 열었을 때 나타난 새신자는 단 5명이었다. 천국 잔치를 열고 사람들을 초대했지만, 이런저런 핑계로 사람들이 그 자리에 나타나지 않았다는 예수님의 비유(마 22:1-14)처럼 많은 사람이 참석을 약속했지만 결국은 오지 않았다.

우리는 실망했지만, 선교사님은 밝은 미소를 띠며 "이 정도면 성공한 거"라고 하셨다. 태국 사람 중에는 대답은 잘하지만, 거짓말이 몸에 밴 사람도 많다고 한다. 그래서 현지 선교사님은 우리에게 사람들의 말을 너무 믿지 말라고 귀띔해 주셨다. 그럼에도 불구하고, 나는 "믿음은 들음에서 나며 들음은 그리스도의 말씀으로 말미암았느니라"(롬 10:17)는 말씀을 기억하며 열심히 예수님을 전했다.

다음 주일에는 몇 명이 더 올지 모르지만, 우리의 목표는 이곳에 교회가 있다는 사실을 알리는 것이다. 우리 팀을 이끄는 선교사님은 단기 선교팀이 선교지를 방문하는 것은 당장의 열매를 맺으려는 것이 아니라, 현지 선교사님들에게 앞으로의 사역에 대한 비전과 소망을 갖게 하기 위함이라며, 하나님께서 일하실 때까지 기다려야 한다고 하셨다.

선교는 무엇보다도 팀과의 화합과 교제가 중요하다. 태국에 간 우

리 단기 선교팀은 다양한 사람들이 모였음에도, 서로를 섬기며 위하는 것을 보면 엔돌핀이 팍팍 나오는 것 같았다. 팀을 이끄는 장로님의 따뜻한 미소, 그리고 평소 얌전하기만 했던 김 집사님이 하나님의 일을 맡게 되니, 더욱 열심히 기도하면서 숨어 있던 리더십을 발휘하는 모습을 보면서 지위가 사람을 만든다고 생각했다. 하나님의 일은 이렇게 이루어져 나감을 알게 되었다.

어느 나라든 큰 강을 중심으로 경제 활동이 활발하게 펼쳐진다. 우리나라가 한강을 중심으로 수도가 세워지고 문화와 교역이 이루어졌듯이, 태국은 짜오프라야강 때문에 먹고 산다고 한다. 방콕을 가로질러 흐르는, 태국에서 가장 큰 강인 짜오프라야강은 메남강으로도 불리는데, 태국 최대의 곡창 지대를 관통한다.

마지막 날 우리는 배를 타고 짜오프라야강을 한 바퀴 돌며 태국의 풍경을 만끽했다. 배 안에서 태국의 전통 음식과 춤, 음악을 즐기며 피로를 풀었다. 태국 방콕에서 우리는 심고, 물을 주었으니, 하나님께서 자라나게 하시리라"(고전 3:6)고 믿는다.

"이와 같이 주께서도 복음 전하는 자들이 복음으로 말미암아
살리라 명하셨느니라"(고전 9:14)

그 눈물이 찬양이 되기까지

29 _ 베트남 선교사님들의 고백
"죽으면 죽으리라"

베트남은 사회주의 공화국으로 국민의 80%가 불교를 믿어 불교의 영향력이 매우 강한 나라이다. 수도 하노이 공항에서 내린 뒤, 3시간 정도 버스를 타고 우리가 도착한 곳은 정말 아름다운 산장이었다. 뜨레스디아스 사역을 하기에 매우 적합한 장소였다. 순간 '이 아름다운 장소를 얻기까지 선교사님과 장로님이 얼마나 많은 기도를 드리고, 헌신하시고, 발품을 팔았을까?'를 생각하면서, 아름다운 산장을 허락해 주신 하나님께 감사했다. 베트남은 자유롭게 선교할 수 없는 나라였지만 지금 이곳에서부터 복음이 시작되는 것이다.

이번 선교는 정말 신선한 경험이었다. 팀 멤버들이 서로 격려하며 사랑의 웃음소리가 끊이지 않고, 각자 맡은 일에 전념하며 헌신하는 이 모습을 하나님께서는 기뻐 받으셨을 것이다. 72명의 후보자에 비해서 팀 멤버가 26명에 불과했지만, 손발이 척척 맞았다.

강사님들의 말씀이 너무도 은혜로워서 듣고 있자니, 나까지 눈물이 흘렀다. 후보자들도 은혜 충만, 성령 충만한 모습으로 강의를 듣

고 있는데, 그들의 진지한 표정에서 하나님의 역사하심이 느껴졌다. 후보자와 팀 멤버가 "성령님이 우리를 평안의 띠로 묶어서 하나가 되게 해 주심"(엡 4:3)을 보여주는 멋진 사역이었다. 특히 후보자들의 밝아진 표정에서는 구원의 기쁨이 엿보였다.

둘째 날, 분위기가 무르익은 가운데 후보자들이 율동과 찬양으로 하나님께 영광을 돌린 뒤, 마지막 기도로 그날 사역을 마무리하려는 순간이었다. 그런데 갑자기 한 찬양 리더가 "제가 대한민국을 대표해서 여러분께 사과하겠습니다"라고 하여 '갑자기 뜬금없이 무슨 사과' 하고 쳐다보는데, 그는 대한민국 국군이 월남전에서 저지른 만행에 대해 사과하겠다는 것이다.

그동안 많은 선교지를 다녔지만, 이번처럼 당황스러운 순간은 없었다. 순간 나는 내 귀를 의심하지 않을 수 없었다. 월남전은 우리의 백마부대와 맹호부대의 용사들이 목숨 걸고 베트콩과 싸운 전쟁이 아닌가?

그 당시 서울 전국의 중고등학생들이 여의도 광장에 모여 "조국의 이름으로 님들은 뽑혔으니 그 이름 맹호부대, 맹호부대 용사들아 가시는 곳 월남 땅 하늘은 멀더라도…"라는 노래를 부르며 월남으로 떠나는 군인들을 열렬히 배웅하던 시절이 기억난다.

월남을 지켜주기 위해 우리나라의 많은 청년들이 희생을 하였는데 이제 와서 뜬금없이 사과한다니? 처음으로 미국이 패배한 땅이지만, 그래도 패배자인 미국은 월남에서 건너온 많은 보트 피플들을 받아드렸고, 그들은 미국땅에서 나름대로 잘 살고 있다. 그리고 미국을 도운 우리가 전한 복음으로 이 땅의 사람들이 구원을 얻고 있다고 자부하고 있었다.

더구나 강의를 들으러 온 후보자들은 모두가 나이 어린 청년과 대학생들로 전쟁을 모르는 세대들이다. 그들은 이게 웬 말인가 하면서 눈빛이 흔들리기 시작했다. 순간 선교사님이 온몸을 부르르 떨면서 어쩔 줄을 몰라 하는데, 눈에 눈물이 가득 고였다. 나는 선교사님 두 분과 방을 함께 썼다. 한 분은 현지에서 사역하는 선교사님이고, 다른 한 분은 앞으로 베트남에서 사역하기 위해 현지를 둘러보러 오신 분이셨다.

우리는 얼른 숙소로 돌아갔다. 현지 선교사님은 눈물을 흘리시면서, 말도 제대로 못하고, "앞으로 이곳에서 어떻게 사역을 하라고 저런 말을 하느냐"라며, 남아야 할지 당장 떠나야 할지 모르겠다고 하셨다. 새로 사역하러 오실 선교사님은 이 지역을 떠나도 우리와 함께 나가야 하는데, 제대로 살펴보지도 못하고 당장 떠나야 하니, 이게 뭐냐면서 안타까워했다.

만약 베트남 후보자들이 오늘 일을 SNS에다 올리고, 나름대로 의혹을 풀려고 전쟁 때 일을 서로 물어보면 쓸데없는 말이 오가게 되고, 그러면 일이 커진다. 우리는 손을 맞잡고 간절한 마음으로 "이 위기를 벗어나게 해주시고 이 내용이 SNS로 퍼지지 않게 해달라"고 기도했지만, 선교사님들은 불안한 마음을 떨칠 수가 없었다. 의견 끝에 장로님은 선교사님에게 빨리 이곳을 떠나라고 조언하셨다.

나로서는 도와줄 방법이 없었다. 호텔비를 쥐여주며 호텔이라도 가시라고 했지만, 그날따라 비가 억수같이 쏟아져서 인력거인 시클로Xich Lo도 탈 수 없었고, 산장이라 택시를 불러도 올 것 같지 않았다. 결국 선교사님은 남자 선교사 숙소로 가서 다시 의논하고 돌아와서는 "죽으면 죽으리라"라며, 나가지 않겠다고 했다. 그런데 새로 오실 선교사님은 중국에서의 경험 때문에 불안해하며 피할 수 있으면 피해야 한다고 하셨다.

그 와중에 산장 주인이 전화해서는 "베트남 사람들만 쓰기로 해서 빌려줬는데 왜 외국 사람이 있냐?"라고 따졌다고 한다. 그런데 선교사님이 다행히 집회 전에 이미 공안들을 잘 구슬려 놓았다고 한다. 하나님께서는 공안들의 귀와 눈을 가려주셨다. 다음 날 아침은 언제 그런 일이 있었던가 싶게 산장이 너무나 고요하고 잠잠했다.

그 눈물이 찬양이 되기까지

총무님은 매우 지혜롭게 후보자들에게 "인터넷에 우리의 사역에 대해서 알리지 말라"고 당부하면서, 그래야 다음번 뜨레스디아스에 서 새 후보자들이 은혜를 더 많이 받을 수 있다고 설득하셨다.

문제는 그 말을 한 지도자는 자기가 무슨 실수를 했는지도 모르고 있다는 것이다. 항상 어디를 가나 실수를 저지른 사람들은 자기가 한 행위를 모르고 있다. 선교지에 와서는 하나님 말씀만 전해야 하는데, 자기 마음대로 쓸데없는 말로 현지인들을 자극해서, 현지 선교사님 을 초조하게 하고, 모두를 불안에 떨게 했는데 하나님께서 너무도 쉽 게 이 일을 해결해 주셨다.

사역이 끝난 후 우리는 각자 팀을 짜서 현지인들의 교회를 방문했 다. 그리고 현지 교인들이 얼마나 열정적으로 신앙생활을 하는지를 눈으로 확인했다. 십 년 전 모스크바에 가서 신학대학을 졸업한 뒤, 고국인 베트남으로 돌아와서 8년 동안 숨어 지내면서 자기 집에서 사역을 시작한 베트남 은혜교회의 목사님의 스토리는 정말 감동적

이었다. 골목에 있는 조그만 집에 간판을 붙여놓고, 휘장으로 부엌을 가려서 강단으로 쓰고 있었다.

이렇게 열악한 곳에서 홀로 사역을 하면서 십 년이라는 그 긴 세월을 어떻게 견디었을까를 생각하니 눈물이 왈칵 쏟아졌다. 교인 한 분 한 분이 너무도 귀해 보였다. 정말 빛도 없이 이름도 없이 사역하시는 목사님이 참 대단해 보였고 바라보고만 있어도 은혜가 넘쳤다.

선교 때마다 느끼는 것은, 선교사들이나 현지 교인들을 보면서, 그들을 도우러 간 우리가 오히려 은혜를 받고 온다는 사실이다. 이 월남 땅에 저렇게 귀한 목사님을 예비해 두시고 하나님은 자신이 원하시는 시간에 우리를 보내셨다.

사할린에서 천병기 선교사님 내외가, 건축업을 하시는 장로님과 신도들 몇 명을 모시고 방문했다. 같이 오신 그 장로님은 이곳저곳을 둘러보시고, 무너질 것 같은 벽을 만져보고는 직접 건물을 새로 지어 주시겠다고 약속하셨다. 할렐루야! 하나님께서 절묘한 타이밍에 사

그 눈물이 찬양이 되기까지

람을 보내시어 선교사님들을 도우셨다. 하나님은 비전을 가진 사람들을 축복하셔서 도울 자를 보내시고 그 뜻을 이루신다.

예배를 마치고 우리는 집단으로 다니는 것이 위험하니 둘씩, 둘씩 짝을 지어서 건물을 빠져나왔다. 큰길에서 택시를 타야 하는 데 그것도 만만치 않았다. 거리에는 차와 스쿠터가 파도 물결처럼 쉴 새 없이 오가고 신호등은 있으나 마나였다. 서로 부딪쳐도 부딪친 사람 잘못이란다.

날씨는 습기가 너무 많아서 옷을 갈아입기도 힘들 정도였다. 선교사님들이 정말 목숨을 걸고 선교하고 있음을 실감할 수 있었다. 주께서 우리의 기도에 응답하셔서 베트남 교회들이 더욱 왕성하게 일어날 수 있기를 소망해 본다.

"당신은 가서 수산에 있는 유다인을 다 모으고 나를 위하여 금식하되 밤낮 삼 일을 먹지도 말고 마시지도 마소서 나도 나의 시녀와 더불어 이렇게 금식한 후에 규례를 어기고 왕에게 나아가리니 죽으면 죽으리이다 하니라"(에 4:16)

30 라오스 찬양 선교, 12개의 키보드를 가져가다

라오스는 인도차이나반도의 중앙에서 동남쪽으로 길게 뻗은 나라로 중국이나 베트남처럼 공산주의 국가지만, 전체 인구의 약 60%가 불교를 믿는 불교 국가이다. 라오스는 타 종교의 선교를 금지하고 있는데, 특히 기독교 박해가 심한 곳으로 알려져 있다.

우리 선교팀의 강 집사님은 몇 년 전 딱 한 번 다른 선교팀과 이곳으로 단기 선교를 다녀온 적이 있었는데, 그 후 하나님이 늘 이곳 라오스를 마음에 두게 하셔서 그때부터 계속 이곳을 후원하고 계셨다.

강 집사님이 "이번에 우리가 방문할 때 이곳 젊은 청년들에게 키보드를 가르쳐 주자"면서 찬양 선교에 큰 도움이 될 것이라고 피아니스트인 박 선교사님에게 제안하셨다. 박 선교사님은 10년 동안 단기선교를 다니면서 미국에 오시면 우리 집에 모셨다. 그 덕분에 나도 박 선교사님과 함께 라오스를 가게 되었다.

우리가 도착하자 현지 목사님들이 기다렸다는 듯이 달려 나와 반갑게 맞아주셨다. 우리가 사역하기 위해서 빌린 장소는 라오스에서

그 눈물이 찬양이 되기까지

생수 사업으로 성공한 현지 목사님의 누이 집이었다. 그 집은 대궐처럼 크고, 다른 집과 멀리 떨어져 있어서 우리가 찬양 사역하기에는 안성맞춤이었다.

하나님의 방법으로, 하나님의 계획 안에서 행해진 라오스 사역에서는 결코 부족함이 없었다. 하나님은 그분이 예비하신 땅으로 우리를 보내시고 직접 역사하셨다. 우리가 들어간 그 집은 온통 불교 장식과 그림들로 가득했지만, 우리는 그 집 한복판에 나무 십자가를 걸어 놓고 사역을 시작했다.

키보드를 배우러 온 학생들은 목사님들이 산골 작은 교회에서 직접 뽑아온 똘똘한 젊은이들이었다. ABC라는 글자조차 잘 모르는 이들은 대부분 농사로 생계를 이어가고 있었다. 처음으로 키보드를 본 학생들은 눈이 휘둥그레지더니, 이 키보드가 피아노라고 하니 너무나 좋아했다.

학생들이 키보드를 배우는 동안 목사님들과 사모님들은 장을 봐오고, 채소를 씻고 음식을 만들어, 끼니때마다 진수성찬을 차려주셨다. 식사 시간이 끝나서 자유시간이 되자 목사님들은 학생들을 위해 열심히 기도하셨다. 학생들의 속사람이 변하여 믿음 안에서 성장하면서 교회 안에서 신실한 일꾼들로 세워지기를 바라는 목사님의 바람이 내 마음에 와닿았다. 학생들은 마음껏 먹고 악기를 배우면서 천국의 맛을 경험하는 것 같았다.

이곳 라오스에서 선교하는 목사님들은 대부분 예수를 믿고 전도하

는 것 때문에 옥고를 치른 분들이다. 그들은 이 열악한 환경 한가운데서 순교를 각오로 라오스의 변화와 미래를 위해서 예수님을 전하는 이들이다. 통역을 맡은 청년도 몇 년 전, 외국인을 집에서 재웠다는 혐의로 옥살이를 하고 나온 믿음 좋은 청년이었다. 그는 찬양하는 것을 얼마나 좋아하는지 눈만 뜨면 해질 때까지 틈날 때마다 기타를 메고 주님을 찬양했다. 목이 쉬어 목소리가 잘 나오지 않았지만 계속해서 기타를 치며 끝없이 노래했다.

학생들은 졸거나 잠시 딴 것에 정신 팔리는 일도 없이, 강의 시간 내내 또렷한 눈동자로 뚫어져라 선생님을 바라보면서 강의에 집중했다. 근 2주 동안 좁은 강의실 안에서 아침 6시부터 저녁 8시까지 식사 시간을 빼고는 선생님이나 학생들 모두 키보드 앞을 떠나지 않았다. 저녁을 마치고 예배드린 후 이제는 취침해야 하는데 학생들은 잠도 자지 않고 밤 12시까지 키보드를 두들겼다. 그야말로 열강에 열공이었다. 간식을 먹으면서 좀 쉬라고 해도, 자리를 떠나지 않고 키보드를 계속 두드리는 학생들도 있었다. 초콜릿이나 과자보다도 키보드가 더 좋은 것 같았다.

우리가 가져온 키보드는 12개였고, 학생들은 20여 명이었다. 그래서 한 개의 키보드를 두 사람이 앉아 함께 배웠다. 미국에서 라오스까지 비행기를 세 번이나 갈아타고 그 무거운 키보드 12개를 가져오느라 허리가 휘어질 정도로 아팠다. 하지만 막상 이곳에 와보니 키보드를 배우려고 온 학생 한 사람, 한 사람이 너무도 귀하고 사랑스러웠다. 그들이 키보드를 연습하기 위해 밤잠도 자지 않는 모습을 보니 가져오기를 참 잘했다고 생각되면서 보람이 느껴졌다.

똘망똘망한 눈망울을 굴리며 한 키라도 더 익히려는 학생들의 열정이나, 그들을 찬양 연주자로 만들기 위해 자신의 모든 지식을 쏟아내면서 가르치고 있는 박 선교사님의 열정은 누구의 열심히 더 강하다 할 수 없을 정도로 배우는 학생들과 막상막하였다. 역시 유명 피아니스트의 가르치는 방법은 달랐다.

졸업식 때 학생들은 모두 키보드를 가르쳐준 선생님이나 그들을 데려온 목사님의 뜻을 따라, 고향으로 돌아가서도 열심히 연습해서 하나님의 크신 사랑과 은혜를 널리 전하는 찬양 사역자가 되겠다고 다짐했다. 그들은 또 다른 사람들을 가르쳐 많은 제자를 길러내겠다는 포부도 밝혔다. 불교국가 라오스에서 찬양이 울려 퍼지는 기적이 일어난 것이다.

공산주의 국가이고 불교국가라서 우리의 사역은 조심스럽게 진행됐다. 12명의 목사님과 20여 명의 학생이 모이고, 또 외국인들이 와서 함께 집단으로 모임을 갖는 것은 매우 위험한 일이었다. 그런데 외따로 떨어져 있는 큰 집을 제공받아 사람들의 눈에 띄지 않고 마음껏 사역할 수 있었던 것은 하나님께서 이미 라오스를 변화시키기로 작정한 계획에서 나온 것임을 고백하지 않을 수 없었다.

우리가 사역했던 이 집 주인의 남동생이, 아무리 전도해도 자신의 누이는 복음을 조금도 들으려 하지 않는다고 했다. 그런데 처음에는 키보드를 배우는 것조차 거부하더니, 차차 흥미가 생겼는지 키보드 앞에 앉아 보더니, 결국 학생들과 함께 배우는 동안 성령님이 그녀 마음에 임하시는 놀라운 역사가 일어났다. 우리가 그녀에게 강력하게 안수기도를 해주자 그녀가 흐느끼기 시작했다. 그 모습을 보고 내 마음도 뭉클해서 나도 모르게 눈물이 흘렀다.

목사님들 모두 그녀를 위해 합심기도를 하며 눈물로 그녀의 변화를 축하하고 "할렐루야!"를 외쳤다. 집주인인 그녀는 남동생이 읽어주는 영접 기도를 따라 하며 주님을 영접했다. 이제 그녀는 자신의 영생과 구원을 위해서 피 흘리신 그리스도 안에서 새로 태어난 아기 크리스천이 되었다. 우리는 그 집에서 불교 장식과 그림들을 모두 떼어냈다. 이제 그 집에는 십자가만 남게 되었다. 그 십자가 앞에서 회심한 집주인의 모습에 우리는 놀라움을 금치 못했다.

마지막 날, 주님의 놀라우신 계획과 섭리에 찬양과 경배와 영광을 올려드리며 성찬식을 마친 후 축도로 이번 사역을 마무리했다. "하나님 감사합니다!" 한 영혼이 천하보다 귀하다고 했는데, 이 한 영혼을

그 눈물이 찬양이 되기까지

통해 앞으로 수많은 열매가 열릴 것이다.

사역이 끝나서 학생들이 자기 집으로 돌아가는 시간이 되었다. 목사님들은 하루 종일 밴으로 학생들을 그들 마을의 입구까지 데려다 주었다. 거기서 다시 1시간 이상을 걸어가야 한단다. 그 무거운 키보드를 각자 들고 환한 미소로 "고맙다"라며, 연신 고개를 숙여 인사하며 돌아서는 그들의 뒷모습을 보니 눈물이 왈칵 쏟아졌다. 마치 자식들을 오지에 두고 떠나는 부모의 심정이었다. 떠나보내는 그들이나 그들을 그 열악한 환경 속에 두고 떠나야 하는 우리나 너무나 아쉬워서, 계속 손을 흔들며 쉽게 발걸음을 돌리지 못했다.

"안녕, 안녕!"

그들을 만나고 나서야 비로소, 하나님이 왜 우리를 이곳으로 보내셨는지 알게 되었다. 성령님의 임재 없이 우리 힘으로는 도저히 이뤄

넬 수 없는 선교사역이었다. 이제 우리는 이곳에 씨를 뿌렸다. 그 씨가 민들레 홀씨처럼 흩어져 온 라오스 땅에서 예수님을 찬양하는 소리가 울려 퍼지리라 믿는다. 우리를 인도하신 강 집사님은 아직도 자비를 들여 부인과 함께 그들을 돕고 계신다. 참 대단한 주님의 종들이다. 하나님 홀로 영광 받으시옵소서!

"내가 달려갈 길과 주 예수께 받은 사명 곧 하나님의 은혜의 복음을 증언하는 일을 마치려 함에는 나의 생명조차 조금도 귀한 것으로 여기지 아니하노라"(행 20:24)

31 _ 인천 공항에서 주운 명품가방

라오스행 비행기를 타기 위해 인천공항에서 밖에 서 있던 카트를 끌고 들어왔는데 카트 안에 명품 백이 들어 있었다. 무심코 가방을 열어보니 세상에나! 가방 속에 온갖 귀중품이 들어 있었다. 명품 지갑 속에는 두툼한 현금과 조그만 파우치에는 다이아 반지를 비롯한 금팔찌 등등 귀중품들이 가득 들어있었다. 순간 나는 가슴이 뛰기 시작했다. 분명 해외여행을 다녀온 사람의 물건이었다.

'이 가방을 잃어버린 사람은 얼마나 속을 끓이고 있을까?
라오스로 향하는 비행기 시간은 가까와 오는데…
가방 주인은 이미 공항버스를 타고 떠났을 텐데…'

이런저런 생각에 나는 그 가방을 들고 어찌했으면 좋을지 몰라, 사람들에게 가방을 주웠는데 어찌하면 좋으냐고 묻고 다녔다. 간신히 잃어버린 물건이나 찾는 물건을 두는 사무실을 허겁지겁 찾아갔다. 나는 명품 가방을 내보이며 자초지종을 이야기했더니 주소와 이름을 쓰고 두고 가라고 한다. 나는 있는 데로 흥분했는데 직원의 반응은 너무 시시했다. 강남에 사는 친구에게 전화해서 친구 주소를 적고 간신히 라오스 비행기를 탔다.

라오스에서 한국으로 돌아오는 길에는 비행기를 놓쳤다. 호텔비와 비행기표를 다시 사야 했다. 강 집사님이 시간이 넉넉하다고 해서 우리는 공항 근처를 잠깐 돌고 왔다. 그런데 아뿔싸~ 집사님 비행기와 우리 비행기는 다른 비행기였다. 그리고 강 집사님은 자기 비행기를 타고 훌쩍 가버렸다. 누구를 탓하랴~ 비행기표를 확인 안 한 우리 잘못이지!

서울에 와서 강남 친구에게 전화했더니 가방 보상금으로 겨우 십만 원을 놓고 갔다고 한다. 그러고는 전화 한 통 없었다. 친구가 전화를 몇 번 걸어봤지만 전화를 안 받는다고 한다. 혹시라도 보상금을 더 달라고 할까봐 그랬는지는 모르지만 감사의 인사라도 했으면 좋았을 텐데…

얼굴이라도 한번 보고 싶었는데…

보상을 바란 건 아니지만 너무 예의가 없어서 가방을 괜히 돌려줬다는 생각을 잠깐 해봤다. 좋은 일 하고 죄 짓는 기분이다.

그 눈물이 찬양이 되기까지

32 인도 불가촉천민을 위한 선교

고대 인더스 문명의 발상지 인도는 4개의 종교힌두교, 불교, 자이나교, 시크교의 발상지이기도 하다. 인도인의 다수가 신앙하는 종교는 힌두교이다. 인도 개척 선교를 떠날 때, 처음에 우리는 특별한 계획을 따로 세우지 않고 다만 기도하면서 인도를 선교 허브로 만들겠다는 열정만 갖고 있었다. 비행기 안에서 체류지를 적으라는 서류에는 행선지를 제대로 아는 사람도 없어서 우리가 알고 있는 호텔 이름을 적어서 제출했다. 현지에서 만난 선교사님도 어디에 숙소를 잡아야 할지 계획이 없었다. 그러나 성령님의 인도하심에 따라서 순종해서 사역을 시작했고, 그 결과는 정말 놀라웠다.

뉴델리에서 기차로 여섯 시간이 넘게 달려가서 깜프르라는 도시에 도착했다. 기차역에는 많은 사람이 쓰레기더미 위에서 잠을 자고 있었다. 철길은 온통 배설물 천지였다. 방문할 곳이 너무 많아서 우리는 두 팀으로 나누어 사역을 진행하기로 했다.

한 팀은 세 시간을 더 들어가야 하는 마을로 갔다. 이름도 기억나지 않는 그곳은 이슬람교도가 많이 사는 깊숙한 오지로, 그들은 국제

CCC_{Campus Crusade for Christ International} 소속인 박 선교사님을 따라갔다.

우리 여섯 명은 현지 목사님과 사모님과 함께 인도 택시인 6인용 삼륜차를 여덟 명이 꽉 끼어 타고 가정교회들을 순방했다. 삼륜차는 양옆이 터져 있어서 오픈카 부럽지 않을 정도로 바람이 잘 통했지만, 날이 워낙 무더워서인지 들어오는 건 코를 찌르는 냄새와 흙먼지뿐이었다.

우리는 처음에 하루에 한 마을만 방문하기로 계획했는데, 현지 목사님은 한 영혼이라도 더 구하고, 더 많은 씨앗을 뿌리기 위한 열정 때문인지 땀을 뻘뻘 흘리면서도 우리를 뺑뺑이 돌려 세 마을이나 방문하게 하셨다. 그 열정 덕분에 많은 씨앗을 뿌리고, 많은 영혼에게 복음을 전할 수 있었다. 할렐루야!

화씨 120~130도를 오르내리는 불볕더위와 싸우면서 우리는 사역을 시작했다. 찾아간 집에 들어가 보니 사람들이 소, 염소, 개와 함께

생활하고 있었다. 집
이라고 해야 벽돌이나
진흙으로 칸을 막고
지붕은 바람을 막기
위해 지푸라기 위에
온갖 잡동사니를 잔뜩
얹어 놓은 움막이었

다. 집집마다 평상이 많이 보였다. 밖에 나와 바람이 불면 더위를 이
기기 위한 곳이라기보다는 잠을 자는 곳이다. 동네 빈터는 다 그들의
화장실이다. 어디서나 대소변을 가리지 않고 해결하는 듯했다.

인도의 카스트 제도는 4개 계급으로 나눠지는데, 가장 높은 계급
은 승려 신분인 브라만Brahman, 다음은 군인 통치 계급인 크샤트리아
Ksatriya, 그다음은 상인 바이샤Vaisya, 마지막은 천민 수드라Sudra이다.
그리고 4개 계급도 끼지 못하는 사람들이 있는데 그들은 달리트Dalit
곧 불가촉천민untouchable이라고 불린다.

"억압받는 자", "억눌린 자"들인 이들은 약 1억 7천만 명으로 인도
인구의 15%에 달한다. 이들은 오물을 치우거나 시체를 수습하는 등
가장 힘들고 더러운 일을 하면서 살아가고 있다.

우리가 방문한 현지인들은 불가촉천민으로, 이미 예수를 믿는 한
가정을 통해서 우리 선교팀이 온다는 것을 알고 있었다. 그들은 뙤약
볕 아래 자리를 깔고 옹기종기 모여 앉아서 우리를 기다리고 있었다.
인도의 다른 계급들은 절대 찾아오지 않는 그들에게 처음으로 외국

인이 나타난 것이다.

그들은 우리를 신기한 듯 바라보았다. "쟈마스끼 신의 가호가 있기를!" 하며 두 손 모아 인사하는 우리의 손이라도 만져보고 싶어 했다. 그들은 부끄러워하면서도 우리의 손을 잡기보다는 엎드려서 우리의 신발을 먼저 만졌다. 그 모습을 보며 가슴이 미어졌다.

사도행전 14장에서 바울이 루스두라에서 앉은뱅이를 고쳤을 때 사람들이 자기한테 한 행위를 보고 우리도 여러분과 같은 성정을 가진 사람이라고 무리를 말려 제사드리지 못하게 한 구절이 생각났다.

우리는 그들을 일으키며 두 손을 잡고 그들을 위해 기도하고 찬양하면서 예배를 드렸다. 처음에는 흥미 없는 듯했던 그들의 눈동자가 기도와 찬양 중에 호기심으로 변하면서, 얼굴에서 웃음꽃이 피어나는 것을 볼 수 있었다. 그들은 글을 읽을 줄도 모르며, 성경책을 본 적도 없었다.

예배 때 목사님이 팔을 아래위로 휘저으며, 그들이 아는 곡에 가사를 붙여서 찬송을 부르면 그 찬송을 따라 했다. 성경 말씀도 목사님이 종이에 적어 온 내용을 갖은 몸짓으로 설명하면서 읽어주었다.

예배를 마치고 우리는 한 사람씩, 한 사람씩 일일이 그 몸에 손 얹어 합심하여 기도를 드리는 순서를 가졌다. 사람들은 머리를 수건으로 가리고 축복기도를 받기 위해서 일렬로 나란히 서서 차례를 기다

렸다. 불가촉천민이지만 염료가 발
달한 나라답게 그들이 입고 있는 사
리는 화려했다. 마음과 뜻과 힘과 정
성을 다해 그들을 위해 중보 기도를
드렸더니, 온몸이 땀으로 흠뻑 젖었
다. 얼굴에서는 땀방울이 빗방울처
럼 뚝뚝 떨어졌다. 첫날부터 집회는
아주 뜨거웠고, 성령이 충만한 오순
절 집회가 되었다.

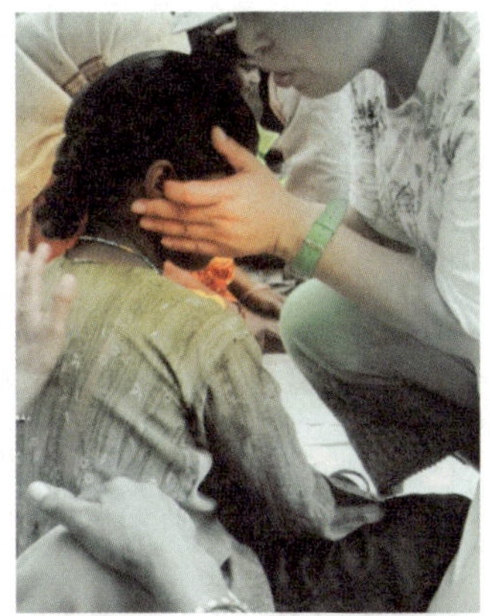

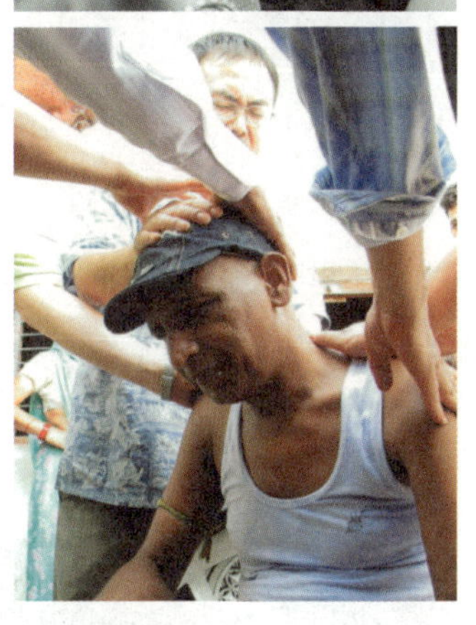

외부인들은 아무도 찾아주지 않고
가난과 질병으로 고통받고 있지만,
그들은 예수님을 쉽게 받아들일 수
있는 맑은 심령을 갖고 있었다. 복음
을 받을 준비가 되어 있는 사람들이
었다. 귀머거리가 들리고, 벙어리가
말을 하며, 귀신들도 예수의 이름으로 쫓겨 나갔다.

그들은 어린아이처럼 순전한 마음으로 말씀을 들었으며, 하나님께
서는 그 믿음을 보시고 역사하셨다. 사역 중에 한 귀신 들린 사람이
혓바닥을 내밀고 눈동자가 획 돌아가면서 몸을 뒤틀고 발광했다. 사
람들이 우리 기도를 따라 하면서 "예수의 피! 예수의 피!"라고 함께
외쳤다. 그 순간, 성령님은 우리에게 권능과 능력을 주셨으며, 당신
의 종들에게는 능치 못할 일이 없음을 보여주셨다.

많은 우상을 섬기며 많은 사람이 처참한 환경 속에 살아가는 인도 땅에는 귀신 들린 사람도 많았다. 선교지에서는 하나님의 기적이 많이 일어난다더니, 나 자신이 이를 실제로 체험하고 하나님의 영광을 목격하는 순간이었다.

우리는 다시 6인용 삼륜차에 8명이 끼어 타고 이 마을, 저 마을을 돌며 그들에게 안수기도를 해주었다. 우리는 코를 막고 흙먼지를 뒤집어쓰며, 쓰레기가 널려져 있는 토담길을 꼬불꼬불 달려갔다. 이렇게 며칠 지나다 보니 감각을 잃어 그것이 쓰레기인지 그냥 길에 흩날리는 깃발인지, 낙엽인지 분간이 안 되게 하나님은 우리의 눈과 코를 가려주셨다. 점차 시간이 지나면서 우리는 현지인처럼 되어갔다.

더운 날씨 속에서도 하나님은 우리에게 힘을 주시고, 모든 것을 인내하며 견딜 수 있게 하셨다. 예전에 우리나라에 온 선교사님들도 그랬으리라.

그 눈물이 찬양이 되기까지

이곳 사람들은 힌두교의 전통에 따라 행운을 가져다준다는 빈디를 이마에 찍고도, 여전히 우리의 중보기도 받기를 열망했다. 그들의 순수한 모습과 하나님의 역사하심에 감격하며 감사 기도를 드렸다.

"하나님 감사합니다. 감사합니다. 영광 받으옵소서."

하루, 이틀이 지나면서 열기가 더해갔다. 성령님의 역사 중에도 한 의사 집사님의 익살은 너무 웃겨서 배를 움켜쥐게 했다. 현지 사람들이 빵 둘러서 땀을 뻘뻘 흘리면서 구경하는 가운데서 그는 침을 놓기 전에 침을 높이 들고 목소리에 힘을 크게 주면서 외치곤 했다.
"I am nothing."
침을 들고 있는 그 큰 몸집과 땀방울이 뚝뚝 떨어지는 그의 얼굴은 너무나도 진지했다.
"Only God can heal you! OK?"
사람들은 얼떨결에 고개를 위아래로 흔든다. 그러면 집사님은 침을 놓고 김 전도사님은 옆에 앉아서 계속 머리에 손을 얹고 기도를 드렸다. 성령님이 역사하시는 코미디 팀워크였다. 그런데 앉은뱅이가 나음을 받았다. "할렐루야!" 성경 말씀대로 모든 것이 이뤄지고 있었다.

셋째 날이 돼서 팀이 교체되면서 아쉽게도, 땀 냄새로 아무리 괴로울 때도 오가는 길에 우리를 즐겁게 해 주던 강 집사님과 전도사님 두 분이 오지로 떠나셨다. 다른 팀을 기다리는 동안 여자 셋이 사역

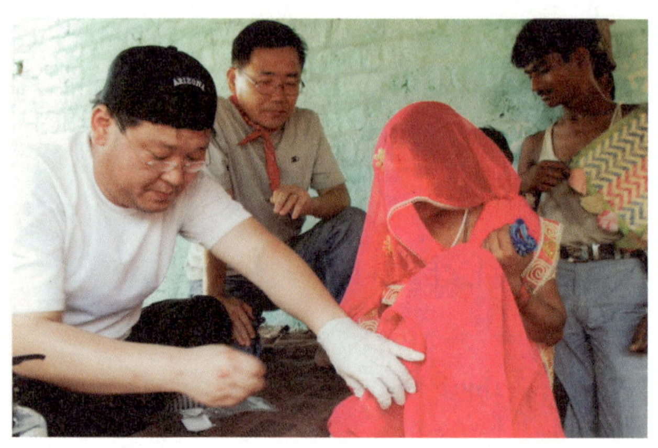

하게 됐다. 현지인들은 꽃으로 레이를 정성껏 만들어 우리 목에 걸어 주며 환대해 주었다. 우리는 그들에게 은혜 넘치는 찬양을 들려주고, 율동하고, 그들의 박수갈채 속에서 다시 사역을 시작했다.

그러던 중, 한 사모님이 설교를 시작하면서 갑자기 김라니 목사님 남편이 지금 천국에 계신다면서 나를 소개하였다. 순간 나도 모르게 눈물이 왈칵 쏟아졌다. 선교지에 와서 예기치 않게 떠난 남편에 관한 이야기를 듣는 것이 무척 당황스러웠다. 남편과의 사별은 선교지에서 나누고 싶지 않은, 나의 마지막 자존심이었다. 잠시 뒤, 온몸에 힘이 쪽 빠지면서 내게 성령님의 음성이 들려왔다.

"라니야~ 무엇이 두려운 것이냐? 너는 나를 따른다고 하면서 아직도 자유하지 못한 것이냐? 기회는 이때다. 빨리 간증해서 자유를 얻으렴, 사랑하는 내 딸아! 나의 사랑, 나의 어여쁜 자야, 일어나 함께 가자!"

그 눈물이 찬양이 되기까지

그 음성은 너무도 강력했다. 사모님의 말씀을 통해 하나님은 나에게 자유함을 주셨다. 한 사모님이 유창하게 영어로 설교를 하는 동안 마음에 평화가 찾아왔다. 나는 사모님의 설교가 마치자 마자 성령님에 이끌리어 벌떡 일어나서 간증하기 시작했다.

"저의 모든 삶은 하나님의 계획 속에 있었습니다. 그분은 부족한 저를 당신의 종으로 삼기 위해, 하늘의 별이라도 딸 듯 큰 꿈을 가지고 미국에 온 제게 원하지 않던 미용 기술을 배우게 하셨고, 남편도 일찍 데려가셔서 신학교로 이끄셨고, 인도 땅까지 와서 여러분을 만나게 해 주셨습니다. 그 일을 시작하시고 지금도 저와 함께하시는 하나님께 감사드립니다."

간증할 때마다 내 설움에 울었는데 이제는 나를 이렇게 사용하시는 하나님께 감사해서 눈물이 터져 나왔다. 우리가 약할 때 더 좋은 것으로 채워주시며, 아파할 때 위로하시고 강함 주시는 하나님이시

다. 참 좋으신 하나님은 나를 이렇게 자유하게 해주셨다. 선교지에 와서 내가 받은 은혜가 더 컸다. 나의 자유함은 이번 선교를 준비하신 하나님의 계획 속에 있었다!

다음날 오지에 갔던 남자팀이 돌아오면서 여자팀과 합세, 인도 땅에서의 기도 열기가 더 뜨거워졌다. 예수의 이름으로, 예수의 피로 귀신 들린 자에게서 귀신이 떠나갔다. 선교팀이나 이곳에 모인 현지인들 모두 성령 충만하여 하나님의 놀라운 역사에 감사했다.

가는 곳마다 융숭한 대접을 받아, 섬기러 온 우리가 오히려 섬김을 받았다. 우리는 현지인들의 집 마당에 둘러앉았다. 그들은 뜨거운 날씨 속에서 바로 눈앞에서 불을 피우고, 연기에 매워 힘들어하면서도 음식을 준비하고 있었다. 덥다는 사실조차 잊은 듯한 그들의 모습이 너무나 감동적이었다.

인도식 화덕에서 구운 빵인 '짜파티'와 밥, 그리고 카레에 닭고기까지 곁들여 그들만의 진수성찬을 차려주었다. 가는 곳마다 과자와 물

그 눈물이 찬양이 되기까지

을 내주어서 이제는 요령이 생겼다. 그래서 아예 물병을 들고 다니기로 했다. 그들이 사는 지역은 갠지스강이 바로 옆이라서 집집마다 물펌프가 있었다. 그러나 골목에 있는 도랑물은 모두 시커멓다. 대소변이 그리로 흘러 들어간다는 것이다. 그 물을 다시 펌프질하여 빨래도 하고, 개나 소, 심지어 사람까지 먹고 있었다.

한 번은 화장실을 찾다가 마땅한 곳이 없어 숲속으로 들어가 실례하려는데, 그곳에서 고슴도치만 한 커다란 쥐가 시뻘건 입을 쫙 벌리고 나를 바라보는 것이 아닌가. 얼마나 놀랐던지, 기절할 뻔하고 그 자리를 도망쳐 나왔다. 지금도 그 생각만 하면 소름이 끼친다.

그들이 주는 음식을 먹지 않으면 원수가 된다고 한다. 현지 목사님은 그들이 정성껏 준비한 음식을, 단순히 먹을 것이 아니라 사랑으로 생각하고 먹으라고 권면하셨다.

33_집회를 마친 후 풍선사역

　나는 아이들에게 나눠줄 풍선 사역에 전념했다. 처음에는 풍선을 불어 강아지, 꽃, 곰 모양 등을 만들어줄 계획이었지만, 모양을 만들 새도 없이 그냥 풍선만 불어주기에도 너무 바빴다. 아이들은 처음 보는 물건이라 줄을 서라고 해도 줄도 서지 않고, 서로 달라고 아우성이었다.

　미국에서 갈 때 풍선을 꽤 많이 가져갔다고 생각했는데 스케줄에 없었던 여러 마을까지 방문하다 보니 풍선이 많이 모자랐다. 나중에는 "이수 아차해!예수님이 좋아"를 가르치고, 이 말을 따라 하는 애들만 주기로 했다. 처음에는 머뭇거리더니 "이수 아차해!"라고 따라 하는 아이들에게만 풍선을 준다는 것을 눈치채고, 모두 목청껏 "이수 아차해!"를 외친다. 150년 전 한국에 왔던 선교사님들이 보았던 우리의 모습일 것이다. 이제, 복음에 빚진 은혜를 갚을 기회를 주신 하나님께 감사드린다.

　나는 풍선을 만들면서, 아이들보다 더 크게 "이수 아차해! 할렐루야!"를 외쳤다. 강 집사님이 가신 후 이번에는 변 선교사님이 넘치는

그 눈물이 찬양이 되기까지

위트로 우리의 피로를 풀어 주셨다. 계속 다니며 사진을 찍다가 하시는 말씀, "'이수 아차해! 할렐루~'까지는 좋았는데, '야!'는 목청이 찢어질 듯 너무 크게 외쳐서 자기 귀가 터질 뻔했다"라며, 짓궂은 미소를 지으며 고개를 흔드셨다. 나는 "그래도 하나님은 다 받으신답니다"라고 대답하며 깔깔 웃었다. 단기 선교는 역시 팀워크가 중요하다. 어쩌면 이렇게 예수님이 기뻐하시는 사람들만 보내서서 역사하신 걸까?

풍선 사역을 마치고 주머니를 보니 풍선이 하나 더 남았다. 그 순간, 과장된 표현이긴 하지만 영화 "쉰들러 리스트"의 마지막 장면이 떠올랐다. 유대인들을 구하는 일에 전 재산을 다 쏟아부은 쉰들러가 마지막 남은 돈으로 한 유대인을 기차에 태워 안전한 곳으로 보내며, 철길을 걸어오다가 무심코 자기 손에 낀 금반지를 보고 "이 금반지

하나면 유대인 한 명은 더 구했을 텐데……"라고 절규하며 울부짖던 장면이 떠올랐다. 나는 그 풍선 하나면 한 아이는 더 기쁘게 해 줄 수 있었을 텐데 하는 생각이 들어 안타까운 마음이 들었다. 이곳에서는 그 풍선이 얼마나 귀한 것인지, 사탕 한 알보다 더 소중하게 느껴졌다. "이수 아차해, 할렐루야!" 하며 나를 졸졸 따라다니던 아이들이 눈에서 떠나지 않는다.

어떤 할머니는 우리에게 자신의 집에 가달라고 하셨는데, 시간이 없어 도저히 갈 수 없어서 그냥 돌아왔다. 할머니는 꽃으로 레이를 만들어 우리 목에 하나씩 걸어주고, 발을 만지며 쓸어주셨다. 지금은 폐지되었지만, 오랜 카스트 제도에 얽매여 살던 이 불가촉천민은 방문자를 만나면 발을 만지며 경애를 표한다고 한다. 그 모습을 보고 눈물이 왈칵 쏟아졌다.

전날에도 경찰관이라는 사람의 집에 초대를 받아서 그곳에서 한 청년에게 축복 기도를 해 주었는데, 자신이 가장 낮은 계급의 사람임을 알리려는 듯 우리의 발을 쓰다듬으며 고마움을 표했다. 다 똑같이 하나님의 형상으로 창조되었는데 누가 이 사람들을 이렇게 만들었단 말인가. 힌두교의 카스트 제도는 "모든 인간은 불평등하게 태어났다"라면서, 승려 계급인 브라만만이 신성한 계급이라고 가르친다. 예수님을 알지 못하는 사람들에게 빨리 천국 복음을 전해야겠다는 조급한 마음이 생겼다. 예수님은 자신을 비워 인간의 몸으로 이 세상에 오셔서 만인 평등을 일깨워 주셨으니, 이 좋은 소식을 어찌 전하지

그 눈물이 찬양이 되기까지

않을 수 있을까.

사역을 마친 후, 우리가 탄 차가 떠나는데, 그들은 멀리까지 차를 따라오며 손을 흔들었다. 언제 다시 만날지 기약은 없지만, 이제 주 안에서 한 형제, 한 자매가 되었음을 확신했다. 예수님이 어떤 분이신지 들었으니, 그 후의 문제는 하나님께 맡긴다. "주님, 너무도 순수하고 맑은 그들의 심령을 만져주시옵소서." 빨리 저 영혼들을 구해야 하는데……. 추수할 곳은 많은데 일꾼이 적다는 예수님의 한탄이 귀에 맴돈다.

사람들은 단기 선교를 가서 며칠 전도한다고 무슨 복음이 들어가겠냐고 부정적으로 말한다. 그러나 단기 선교야말로 지치고 힘든, 때로는 절망에 빠진 현지 목사님들에게 힘을 주고 용기를 주는 사역이다. 또한 더 많은 사람을 얻어 열매를 맺을 기회이기도 하다. 우리가 섬기는 모습을 보고 현지 사람들도 섬김을 배우게 된다. 미전도 종족에게 다가가는 선교가 얼마나 보람된 일이고, 그곳에서 드러나는 하나님의 역사가 얼마나 큰지는 직접 가보지 않고는 알 수가 없다.

우리 팀 열 명은 그동안 힘든 줄도 모르고 웃음을 잃지 않으며 합심하여 서로를 격려하면서 사역을 마쳤다. 주 안에서 웃고 울며, 어느덧 아쉽게도 헤어질 시간이 왔다.

"하나님, 정말 감사합니다. 홀로 영광 받으시옵소서."

<u>34</u> 인도에서 돌아오는 길의 묵상

마지막 날 뉴델리로 돌아와서 우리는 이슬람 성전과 연꽃 모양의 바하이 사원과 힌두 사원 등을 구경했다. 가는 곳마다 신발을 벗으라고 해서 뜨거운 바닥에서 저마다의 모습으로 댄스를 추게 만들었다. 전도사님 내외는 메카를 향해서 기도하고 있는 이슬람교도들 속에 끼어 앉아서 두 손을 높이 들고 기도를 하셨다. "사탄아, 물러가라!"라고 기도하셨다고 한다. 절로 웃음이 나왔다. 이슬람교도들 보기에는 웬 동양 사람이 자기들의 신에게 기도하는 줄로 착각했을 게다.

힌두 사원에 가서는 장로님이 사원 벽을 손으로 쓸면서 돌고 계셨다. 뒤따라가다가 왜 이 더러운 곳을 자꾸 손으로 만지나 하고 궁금해서 쳐다봤더니 계속 중얼거리며 기도하고 계셨다. 하나같이 다 기도의 일꾼들이다. 이렇게 열정적으로 하나님을 사랑하는 분들의 사역에 나를 동참시키셔서 인도 땅까지 보내주셨다.

예전에는 사원의 그림이나 흉상들을 예술품으로 봤는데 내 안에 성령이 임하고 나서는 그런 그림을 보는 것조차 끔찍해졌다. 인도 사람들은 토속신앙이나 수많은 다른 종교의 신들이나 다 받아들여 장소만 있으면 온갖 신상을 만들어 마을 어귀에 갖다 놓는다. 13억이 넘는 인구 중에 80% 이상이 힌두교의 윤회설을 믿는다니, 인도 국민 대부분이 우상에 얽매여 살아가고 있는 거다. 빈부 격차가 심하고, 문맹률이 높으며, 다양성과 복합성으로 가득한 인도 땅. 인도의 거리는 온통 쓰레기로 뒤덮여 있고 쉬지 않고 빵빵거리는 자동차와 사람과 소들이 함께 거리를 활보한다. 세계 최대의 인구를 가진 이곳은 죽어가는 영혼들이 모여 있는 황금밭이었다.

사람들은 그곳이 위험하다고 한다. 그러나 성령님이 항상 함께하시는데 대체 무엇을 걱정하는지 알 수가 없다. 더 늦기 전에 빨리 들어가서 그들에게 예수를 알려야겠다는 생각에 마음이 더욱 조급해졌다. 전 세계 크리스천들이 인도의 젊은 크리스천들을 키우고, 지도자로 만들기 위해서 학교도 세우고, 병원도 세우고, 다양한 일거리를 제공했으면 좋겠다.

십 년이 지난 뒤, 인도 땅 사방에 신학교들이 세워져서 나는 여러 번 인도를 다녀왔다. 한 번은 우리와 함께 있던 인도 사람들이 갑자기 김 사모님에게 기도해달라고 하며 내게 통역을 하라고 부탁했다.

나는 미국에서 태어나 영어와 한국어를 유창하게 잘하는 이 목사님의 아들 영민에게 통역을 하라고 했지만 영민이가 자기는 못 한다고 부득부득 사양하면서 손사래를 쳤다. 나는 할 수 없이 속으로 성령님께서 내 입술을 주관해 달라고 기도하는데, 그때, "라니야, 담대하라. 내가 너와 함께하리라"는 음성이 들렸다.

　김영진 사모님이 한국어로 기도하고, 내가 영어로 통역한 것을 다시 인도 목사님이 인도어로 통역했다. 그런데, 이게 웬일인가? 통역이 너무도 완벽하게 이루어졌다. 나는 너무 놀랐고, 다른 장로님들도 나를 보고 "목사님께서 영어를 그렇게 잘하시는지 몰랐다" 하고 감탄하셨다. 현지인들도 기도에 은혜받았다고 두 손을 모았다.

　그야말로 하나님을 사랑하는 자들이 합력하여 선을 이룬 기도였다. 성령 없이는 영적으로 새로 태어나지 못하고, 제대로 살지도 못할 뿐 아니라, 능력 있는 기도와 사역도 할 수 없다. 먼저 성령 충만함을 받을 때, 비로소 우리의 기도, 전도, 설교에 하나님의 역사가 일어난다. "하나님 아버지, 감사합니다. 모든 영광을 하나님께 올려드립니다."

> "이와 같이 성령도 우리의 연약함을 도우시나니 우리는 마땅히 기도할 바를 알지 못하나 오직 성령이 말할 수 없는 탄식으로 우리를 위하여 친히 간구하시느니라"(롬 8:26)

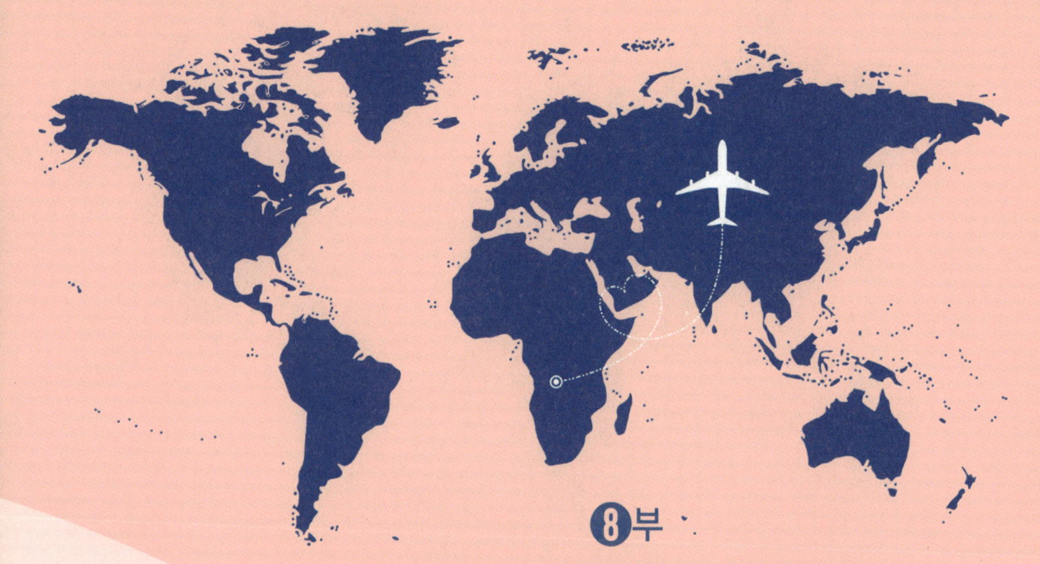

35 _모스크바 신학생들,
한국말로 "주여! 주여! 주여!" 삼창

러시아는 내가 어렸을 때만 해도 미지의 나라, 가장 가보고 싶은 나라였다. 그런데 하나님이 나를 미국까지 보내주시어 예수를 믿게 하시고 이 거대한 소련 땅을 밟게 하시니 가슴이 뛰었다.

이게 웬 하나님의 은혜란 말인가! 우리는 러시아 비전트립을 위해 모스크바에 도착했다. 우리를 기다리고 있던 모스크바 신학생들은 늦은 시간이었지만, 추위로 몸을 웅크린 채로 양쪽에 서서 찬양과 박수로 환영해 주었다. 선교사 사모님은 우리를 마중나왔던 버스에서 내리면서, "아유, 우리 귀여운 강아지들…… 시키지도 않았는데 저렇게 나와 서 있네!" 하며 자랑스러워하셨다.

그동안 은혜교회에서 뿌린 씨앗이 자라 해마다 많은 신학생이 배출돼, 매일 하나님의 나라를 확장해 가고 있다고 한다. 공산국가에서 가난에 시달리고 술과 마약으로 허랑방탕하게 살던 그들에게 복음을 전하고, 풍성한 삶을 나누어준 결과, 하나님의 역사가 이렇게 이루어지고 있었다.

알뜰하기로 소문난 사모님은 연신 생글생글 웃으시며 정성껏 한국

음식을 준비하셨다. 고사리나물, 깻잎나물 등등 이름 모를 나물들을 잔뜩 무쳐서 진수성찬을 차려주셨다. 부엌이라곤 한 평 남짓한 작은 공간인데, 어떻게 이렇게 맛깔스러운 음식이 나오는지……. 아침 저녁 사랑의 손길로 각종 음식에 정성과 맛을 맘껏 불어 넣으셨다.

점심에는 신학생들과 식당에서 식사를 함께했다.

"저렇게 덩치가 큰데, 수프와 빵 한 덩어리만 먹고 어떻게 견디면서 공부를 하겠냐?"

함께 간 집사님들이 눈시울을 적시며 가슴 아파했다. 그들의 사랑과 눈물을 보니 코끝이 더욱 시큰거렸다.

선교사님이 미국 은혜교회에 계실 때 선교사로 떠나기 전에 교회에서 자기 구역을 확장하게 해달라고 기도했는데, 하나님께서 모스크바까지 그 지경을 넓혀 주셨다고 했다. 경상도 사투리가 심한 담임목사님이 "가라꼬!" 하신 한 마디에 이 생각 저 생각하지 않고 오직 순종하는 마음으로 러시아까지 왔다고 한다. 세상에서는 쓰임 받지 못할 늦은 나이에 선교사로 신분 상승을 시켜주신 주님께 "주여, 황공무지로소이다"라는 소리밖에 나오지 않는다는 사모님의 익살과 떨림 속에서 가끔 말문이 막혀 마음을 진정시켜야 했다.

학생들은 선교사님 내외를 아버지, 어머니처럼 따른다고 하지만 어려움이 없을 리 없다. "지금 우리를 파송한 미국 본 교회가 어려운데…. 오직 기도로 헤쳐나가야 한다."라고 솔직하고 담백하게 전하시는 사모님의 간증을 들으며, 학생들을 자식처럼 사랑하는 마음이 피부로 느껴지고 눈으로 보였다. 하나님은 모든 것을 사용하신다. 나이가 문제가 되지 않고, 세상 지식이 문제가 되지 않으며, 오직 순종으로 하나님의 일을 해 나갈 때 사명을 주신다.

커다란 체구의 학생들이 새벽부터 무릎 꿇고 목이 터져라 한국말로 "주여! 주여! 주여!"라고 삼창하며 통성 기도를 했다. 학생들의 표정이 너무나 간절하고, 선하고 아름다워서 깊은 감동을 받았다. 상쾌한 아침 공기와 함께 신학생들의 찬양 소리가 천상의 소리처럼 들렸다. 선교지를 다니다 보면 기뻐서 울고 감동해서 울고 끝내는 서로를 부둥켜안고 한목소리로 찬양한다. 믿음의 선배들이 뿌려 놓은 씨앗이 풍성한 열매를 맺은 모습에 감격해서 우리는 울고 또 울었다. 성령님께서 러시아 땅을 운행하시며 그들을 양팔로 끌어안고 계시는 것이 보였다.

신학교는 벌써 20기 신입생들을 맞이했다. 1기와 2기 졸업생 목사님들이 차례로 오셔서 강의해 주시고, 전국에서 강사님들도 방문해서 말씀을 전해주셨다. 신학교 건물은 너무나 아름다운 산장이다.

향긋한 가을 냄새와 함께 숲속 나무들이 툭 건들면 금방이라도 물방울이 튕길 것처럼 상쾌했다. 장대처럼 높이 솟은 나무들과 쭉쭉 뻗은 침엽수들이 러시아의 기상을 자랑하고 있었다.

내 마음의 고향, 시카고의 냄새가 났다. 눈을 감고 팔을 벌리며 "아! 좋다!"라고 하며 숨을 깊이 들여 마셨다. 신학교에서 약 40분쯤 버스를 타고 모스크바 교회로 가는 길 양쪽으로 침엽수들이 쭉쭉 뻗어 있는데, 아름답게 물든 단풍들이 하나님의 창조 솜씨를 다시 한번 감탄하게 했다. 이제 막 초가을을 시작한 나무들이 하루가 다르게 울긋불긋 단풍들로 서서히 옷을 갈아입고 있었다.

모스크바 교회는 2기 졸업생인 고려인 목사님이 사역하는 곳이었다. 교회가 세워진 곳은 몇 년 전만 해도 쓰레기 더미가 쌓여 있었고, 마약과 강간이 벌어지던 곳이었다고 한다. 그러나 현지 목사님과 성도들이 몇 달 동안 2천 톤이나 되는 쓰레기를 치워 쓰레기와 악의 구덩이를 아름다운 주님의 성전으로 바꾸어놓았다. 하나님은 이곳 현지인들의 마음까지도 깨끗이 비우시고 성령님으로 채워 주셨다.

열다섯 민족이 모여서 세운 이 교회는 처음에 교인이 소유한 자동차라고는 고물인 러시아 차 하나밖에 없었지만, 지금은 자동차를 가진 사람이 50명이나 된단다. 그들은 간증 속에서 "하나님을 나의 구주로 믿고 십일조를 드리니, 하나님께서 복을 주셔서 지금은 잘살게 되었다"라고 고백했다. 교인들은 러시아와 인접한 우크라이나, 우즈베키스탄, 키르기스스탄 등에서 가난을 피해 모스크바로 이주해 온 사람들이었다.

그들이 드리는 예배가 얼마나 뜨겁고 감동적이었는지, 찬양을 부를 때마다 흐르는 눈물을 주체할 수 없을 정도였다. 인종과 언어가 달라도 15개국 사람들이 한 언어로 찬양하는 이 모습이 천국의 모습 아닐까 하는 생각이 들었다. 영화를 누리던 러시아 땅이 하나님을 배척한 후 모든 것이 황무지로 변했지만, 그 황무지 같은 곳에 교회가 하나, 둘 세워지자 이렇듯 구원받은 영혼들이 불일 듯 일어났다는 사실은 참으로 놀랍고 감동적이었다.

철의 장막, 알코올과 마약으로 찌든 땅이 이제는 복음의 땅으로 변해가고 있었다. 그들이 기도드리는 모습을 보면서 초대교회의 역사가 다시 이곳에서 일어났음을 알게 되었다. 우리는 피부색과 언어가 달라도 하나님이 베푸신 축복으로, 주 안에서 하나의 가족이 되었음을 느낀다. 은혜의 삶이 피부로, 현실로 느껴졌다.

은혜 교회에서 함께 오신 목사님은 모스크바 신학교에서 "기도"라는 제목으로 설교를 준비했는데, "새벽부터 이렇게 열심히 기도하는 사람들에게 '기도'를 주제로 설교하는 것이 무슨 의미가 있을까?" 하며 은근히 고민하셨다. 그들의 열정과 하나님을 사모하는 모습을 보고, 오히려 우리가 은혜를 받아서, 팀 멤버들은 즉석에서 눈물로 간증하며 하나님께 영광을 돌렸다.

즐비한 빌딩 사이사이에 자리 잡은 숲, 넓은 차도가 러시아가 전에 얼마나 큰 나라였는지를 보여준다. 지금은 힘이 빠진 바로 그 도시를 교회가 영적으로 장악해 나갔다. 얼마나 감사한지 모르겠다.

36_세인트피터즈버그로 가는 길

세인트피터즈버그St. Petersburg는 전에 레닌그라드, 상트페테르부르크라고 불렸는데, 러시아에서는 2번째로 큰 도시이다. 발트해의 핀란드만 상류에 있는 네바강 옆에 있어, 일명 "북유럽의 베네치아"라고 불린다. 1703년 러시아 제국의 표트르 대제가 만들었는데, 수도 모스크바 다음으로, 유럽에서는 네 번째로 인구가 많은 도시이다.

모스크바를 떠나기 전 세인트피터즈버그로 향하는 길에 우리는 건축 예술의 기념비인 크렘린궁, 붉은 광장, 성 바실리 대성당 등을 둘러봤다. 아름다운 러시아 시대의 로마네스크 양식의 사원들은 고딕 양식의 탑들과 잘 어우러져 도시를 더욱 고풍스럽게 만들었다.

몽골의 카잔을 항복시킨 기념으로 이반 대제 때 지은 성 바실리 대성당은 9개의 양파 모양의 돔 지붕이 특징이다. 크렘린궁은 공산당의 본부이자 러시아의 정치와 경제의 중심지로, 러시아의 위대함을 상징하는 곳이다. 가을비가 부슬부슬 내리는 광장 한복판에 서 있으니, 마치 러시아의 문화를 한눈에 보고 있는 듯한 기분이 들었다. 모스크바의 웅장한 서양식 건물들은 다 비슷해 보였다.

그 눈물이 찬양이 되기까지

모스크바는 찬란한 옛 문화 도시답게 도로는 넓지만, 차선도 없고 신호등도 없이 차들이 아무 데서나 튀어나왔다. 몇 년 사이에 도심이 많이 발달했지만, 교통 체계가 제대로 정비되지 않아서 교통체증이 너무나 심했다. 도시가 양적으로는 많이 성장했는데 질적으로는 제자리걸음임을 보여준다.

30분이면 기차역에 도착할 거리였는데, 한 시간이 지나도 차가 움직이지 않자, 우리는 기차 시간에 늦을까 봐 마음을 졸였다. 그때 사모님이 기지를 발휘하여 "좀처럼 움직이지 않는 자동차에서 내려서, 전철을 타고 기차역까지 뛰어가면 제시간에 기차를 탈 수 있다"라며, 그 앙증맞은 몸으로 힘껏 달리기 시작했다. 작은 체구 그 어디에서 그런 잽싼 달음질이 나오는지, 우리는 힘을 다해 줄지어 뒤따르면서도 웃음을 참을 수 없었다.

전철역으로 내려가는 에스컬레이터는 깊고 빠르며, 마구 흔들려 꼭 곡예를 하는 기분이 들었다. 얼마나 혼이 났는지 러시아에 가면

꼭 전철을 타봐야 한다고 했던 장로님이, 하나님께서 그 실없는 말까지도 들어주셨다고, 다시는 그런 헛소리조차 하지 말아야 한다며 농담하며 웃었다.

우리는 마치 007 특공대처럼, 전철에서 내려 사람들 사이를 마구 비집고 들어가서 기차역을 향해 내달리기 시작했다. 기차에 몸을 싣고 숨을 헐떡이는 순간, 기차 문이 닫혔다.

"오! 하나님 감사합니다."

선교사들이 세인트피터즈버그로 갈 때는 꼭 이 밤 기차를 타고 이동한다고 해서, 우리도 한번 경험해 보자고 기차를 타기로 한 것이다. 나는 톨스토이가 쓴 『안나 카레니나』의 여주인공이 연인 부론스키를 만난 그 모스크바 기차를 꼭 타봐야겠다는 생각도 했다.

　　기차의 4인용 침대칸은 생각보다 크지 않았다. 가족끼리라면 괜찮겠지만, 낯선 사람들이 이층 침대 위아래를 오르내리며 한 침대칸에서 잠자는 것이 우리에게는 익숙지 않은 문화였다. 그러나 그들은 어색함 없이 위쪽 침대로 껑충 올라가 잠을 청했다.

　　러시아인들은 자존심이 강하고, 웃을 줄 모르며, 불친절하다는 인상을 받았다. 가게에서도 서비스 장사를 하기보다는 의무적으로 시간이나 때우고 있다는 느낌을 받았다. 특히 사랑을 표현하는 데 서툴고, 항상 누군가에게 감시받고 있다는 두려움이 그들의 눈빛에 묻어난다. 여자이면서도 남자처럼 몸집이 큰 기차 승무원은 친절을 배우지 못한 탓인지 퉁명스러우면서도 심지어 무섭기까지 했다.

　　70년간 공산 치하에서 상대방을 믿지 못하며 서로 감시하는 삶을 살고 있는 그들이 보내는 눈길은 바라본다기보다는 거의 째려보는 수준에 가까웠다. 그러나 교회 안에서 만난 사람들은 웃음의 천사들 같았다. 복음이라는 것이 바로 이런 것이라는 것을 다시 한번 깨닫게 되었다.

37 _세인트피터즈버그의 김나지아 학교

세인트피터즈버그는 제정 러시아 시절의 수도였으며, 네바강 삼각주와 핀란드만이 만나는 지역에 자리 잡고 있다. 이 도시는 운하를 통해 스웨덴에 진출하는 중요한 요지였고, "서유럽으로 가는 창"이라고 불릴 만큼 역사적 가치가 큰 곳이다.

네바강을 따라 세워진 청록색의 아름다운 건물 중, 에르미타주 박물관_{겨울궁전}은 수많은 예술 작품을 소장하고 있는 대표적인 명소이다. 나는 이 박물관에서 렘브란트의 "돌아온 탕자The Return of the Prodigal Son"라는 그림을 한 점 구매했는데, 지금도 우리 집 거실에 자랑스럽게 걸려 있다.

에르미타주 박물관을 둘러보면 러시아 황실의 예술에 대한 사랑과 열정이 고스란히 느껴진다. 우아한 바로크 양식과 신고전주의 양식이 어우러져 낭만적인 풍경을 자아내면서, 도시 전체가 박물관, 교육, 문화 예술의 중심지로 자리 잡고 있다. 이곳은 수많은 유적지가 있어 한눈에 화려한 영광의 역사를 엿볼 수 있다.

습한 기온의 밀림 지대를 이렇게 아름다운 도시로 탈바꿈시키기

그 눈물이 찬양이 되기까지

위해 수많은 사람의 희생이 있었다고 전해진다. 그래서 이 도시는 "혼이 깃든 물 위의 도시"라고 불리기도 한다. 러시아의 대문호인 알렉산드르 푸쉬킨은 그의 서사시 "청동기마상"에서 이곳을 "인간의 뼈 위에 건설된 도시"라고 비판하기도 했다.

네바강에서는 차이콥스키의 음악에 맞춰 백조들이 우아하게 춤을 출듯하고 푸쉬킨의 "삶이 그대를 속일지라도"라는 시도 떠올랐다. 톨스토이와 도스토옙스키의 삶의 흔적이 남아 있으며, 솔제니친에게 노벨문학상을 안겨준 "이반 데니소비치의 하루"에 나오는 굴라크 노동수용소도 유적으로 보존되어 있다.

바로 이 역사적 중심지 노른자위에 김나지아라는 학교가 세워졌다. 처음에 나는 이 김나지아가 사람 이름에서 나온 말인 줄 알았는데, 김나지아Gymnasia는 유럽의 중등 교육기관을 가리키는 김나지움 Gymnasium에서 나온 말로 영재학교라는 뜻이란다.

이 김나지아 학교는 1994년 미국 은혜교회가 크리스천 지도자를 양성하기 위한 장기적인 선교 전략의 일환으로, 비전을 가지고 세운 학교이다. 학교 건물은 은혜교회에서 지원을 받아 구매했는데, 푸른 녹지 속 정원 같은 환경을 자랑한다. 미래를 보는 안목이 있어서 이 건물 구매한 것은 참 잘한 일이라고 생각되면서도, 아직 셋방살이하는 모스크바 신학교를 떠올리면 가슴이 아팠다.

은혜교회가 세운 이 김나지아 학교는 신입생을 뽑을 때 시험을 통과한 학생들만 기숙사에서 한 달 동안 교육과 훈련을 시킨다. 이 과정에서 수업을 하기에 적합하지 않은 학생들은 탈락되고, 최종적으로 합격한 학생들만 입학식에서 선생님들이 직접 교복을 입혀주고 성경책을 선물로 주며 선서를 하게 한다.

이 학교는 원래 중고등학생만 뽑았지만, 2014년부터 초등학생도 뽑기 시작했다고 한다. 노란 머리의 어린 꿈나무들

이 어찌나 예쁘고 말도 잘하던지 보기만 해도 미소가 지어졌다. 초등학교나 중고등학교 입학식 때 많은 학생이 대통령이나 변호사가 되고 싶다는 꿈을 이야기했다. 그런데 콧대 높은 러시아 학부모들도 동양의 이 작은 선교사를 믿고 자기 자식을 맡기며 환하게 웃는 모습을 보니, 하나님의 능력과 비전이 구체적으로 드러나는 것 같았다.

러시아에서는 공식적으로 초등학교 어린이에게 종교를 강요할 수 없다고 한다. 선교사님께 "부모들이 학교에서 개신교 교리를 이야기했다고 당국에 고발이라도 하면 어떻게 해요?"라고 물어봤더니, 사모님은 미소를 띠며 담담하게 손을 벌려 어깨를 으쓱했다. 그 모습을 보고 나니 내가 질문한 것이 민망해졌다. 이분은 죽으면 죽으리라는 마음으로 이곳에 와서 선교하시는구나, 하는 생각이 들었다.

한 영혼을 주님의 품으로 인도하기 위해 주님의 마음을 가지고 그들을 위해 눈물을 쏟으며 기도하시는 선교사님들, 우리 대신, 그들을 위해서 모든 것을 버리신 선교사님들에게 고개가 숙여졌다. 선교는 하나님이 몇 사람에게만 주시는 축복의 기회이며, 선교사는 세상이 줄 수 없는 기쁨을 맛보는 사람들이다. 나는 그런 선교사님들이 부러웠다. 나도 죽으면 죽으리라는 마음으로 선교지에 가고 싶었다.

김나지아 학교를 보니 가슴이 벅차기보다는 온몸에 전율이 느껴지고, 눈물이 쏟아질 정도로 큰 감동이 다가왔다. 선교사님은 학생들에게 이렇게 말씀하셨다.

"너희는 복의 근원이며 통로다. 오직 하나님만이 우리의 인생을 주관하신다는 것을 깨달았을 때 비로소 꿈과 비전이 생긴다. 성령님이 도우시면 너희는 바라던 꿈 이상으로 크고 훌륭한 일을 할 수 있다."

나의 초등학교 시절, 그리고 이제 다 자란 내 딸들을 생각하니, 김나지아를 다니고 있는 어린 학생들이 부러워졌다. 지금이라도 미국에서 자라는 아이들에게도 이처럼 기독교적 비전을 심어주고 꿈을 실현할 수 있도록 돕는 학교와 선생님이 있다면, 아이들이 하나님을 좀 더 알게 되고 더 훌륭한 인물로 성장할 수 있지 않았을까 하는 안타까움이 느껴졌다.

학생들의 졸업식과 입학식을 마친 후, 우리는 세족식을 실시했다. 한창 패기 발랄한 나이인 고등학교 입학생들은 처음엔 영문을 몰라 몸을 이리저리 흔들고, 사방을 둘러보며 낄낄거리고, 옆의 아이도 툭툭 찔러보며 장난치면서 우리가 서 있는 의자 앞에 앉았다. 잔잔한 음악이 흐르면서 우리는 진지한 태도로 그들의 발을 씻기기 시작했다. 여기저기서 훌쩍거리는 소리가 났다.

자기 발을 남이 닦아주는 것에 어색해하며, 겸연쩍어하는 아이들을 다 닦아준 뒤 포옹하고 맘껏 축복 기도를 했더니, 아이들이 숙연해져 고개를 들지 못했다. 중고등학교 재학생들이 직접 신입생들의 발을 씻기기도 했는데, 그 모습을 보니 더욱 가슴이 뭉클해졌다.

세족식이 끝난 후, 신입생들의 발을 닦아준 재학생들이 우르르 한 곳으로 몰려갔다. 무슨 일인가 하고 따라가 보니, 수돗물을 최대한 틀고 소매를 팔꿈치까지 걷어 올린 채 비누를 풀어 서로 밀치면서 장난스런 모습으로 손을 씻고 있었다. 역시 아이들이라는 생각이 들었지만, 그래도 교사들의 말에 순종해서 낯선 일이었지만 신입생들의 발을 씻겨준 그들이 대견하게 느껴졌다.

문맹 국가도 아니고, 교육 수준도 높은 러시아 땅에 은혜교회를 통해 이 영재학교를 세우게 하신 것은 하나님의 큰 계획이었다. 러시아 부모들도 어릴 때부터 하나님을 믿어야 유대인들처럼 세계적인 인재가 될 수 있음을 알고 있기에, 자녀의 조기 신앙 교육은 러시아에서도 절실했다. 그들의 바람을 외면치 않으신 하나님의 사랑이 계속되고 있었다.

2기 졸업생인 유라라는 고려인은 우리를 자신이 운영하는 스시집으로 안내했다. 푸짐한 음식과 웃음 속에서 성령 충만한 경험을 서로 나누면서 근사한 대접을 받았다. 전국에 150개의 일식집을 운영하고 있는데, 그의 큰 꿈에서 앞으로의 비전을 엿볼 수 있었다.

카라간다라는 도시에서 아무 희망이 없이 가난하게 살아가던 그를 유의겸 목사님이 김나지아 학교에 보내줬다고 한다. 학교 다닐 때는 최고의 말썽꾸러기로, 퇴학당할 고비를 두 번이나 넘겼는데, 하나님의 은혜로 지금은 어엿한 사업가이자 대학생으로서 큰 꿈을 품고 있는 청년이다. 사람은 누구를 만나느냐에 따라 인생이 달라질 수 있다. 오직 하나님 안에서 그가 사용하시는 선교사님들과의 만남을 통해 러시아의 젊은이들은 큰 축복을 받게 되었다. 유의겸 선교사님은 카라간다에서 추방 당하여 다른 선교지로 가서 선교하시다 지금은 하나님 품에 계신다.

리더 권혁석 장로님이 물질과 시간을 아낌없이 제공해 주셔서, 호텔을 빌려 김나지아 학생들이 15년 만에 처음으로 동문회를 가졌다. 많은 동문이 모여 옛날이야기를 나누고, 앞으로의 비전을 이야기하며 선교지에서만 들을 수 있는 귀한 간증들을 나누는 모습을 보며, 정말 부모가 자식을 보듯 뿌듯한 마음이 들었다.

뜻이 있는 몇몇 동창들은 자신들이 점찍어 놓은 동창을 후원해서 러시아의 대통령을 만들어 보겠다는 꿈도 갖고 있었다. 중학교때부터 함께 자란 그들이 이제 장성해서 사업가, 교수, 국회의원 후보가 되었다. 커다란 몸집의 졸업생들이 자기보다 훨씬 작은 선교사님의 품에 안겨 있는 모습을 보면서, 선교사를 파송한 목사님이 선교사님을 부러워하신 이유를 알 것 같았다. 앞으로 이 학교에서 러시아를 변화시킬 크리스천 지도자가 탄생할 것이다.

김나지아 학교야말로 은혜교회의 열매이자 꽃이다. 그들은 특공대처럼 러시아 전역으로 퍼져나가서 하나님 나라를 확장하고 있다. 지도자를 길러야 러시아를 변화시킬 수 있다는 김광신 목사님의 "Top down approach" 작전이 적중한 셈이다. 이제 김나지아 학교는 의과

그 눈물이 찬양이 되기까지

대학이 딸린 종합대학으로 상장할 꿈을 키우고 있다.

한 지도자에게 하나님의 비전을 보여주시고, 함께 동역하며 그 비전을 이뤄가는 과정을 보면서 하나님께서 하시는 일이 정말 놀랍다는 것을 깨닫는다. 물질로, 기도로 후원하시는 은혜교회 성도들도 정말 대단하고 자랑스럽다. 선교를 맘껏 다니고 싶어서 선교하는 교회인 은혜교회를 찾아왔는데, 나를 선교사로 만들어 주신 하나님께 감사드린다. 믿음의 선배들이 뿌려 놓은 씨앗이 풍성한 열매를 맺고, 모든 성도가 그것을 함께 체험한다면 더욱 놀라운 일들이 펼쳐질 것이다. 은혜교회는 성도 모두가 보내는 선교사이다.

"어서 빨리 전쟁이 종식되게 해주시옵소서. 주님께서 모든 일을 다 하셨습니다. 주님! 감사와 찬미와 영광을 올립니다."

"너희 안에서 행하시는 이는 하나님이시니 자기의 기쁘신 뜻을 위하여 너희에게 소원을 두고 행하게 하시나니"(빌 2:13)

38 _ 망향의 섬 사할린

러시아 극동의 사할린은 세계에서 23번째로 큰 섬이다. 남쪽에 있는 홋카이도 보다는 약간 작다. 사할린섬은 산이 많은 지형으로 섬의 3분의 2가 산지이며, 두 개의 산맥이 나란히 남북으로 펼쳐져 있다. 섬 최대 도시 유즈노사할린스크는 최남단에 있다. 사할린섬의 인구는 2002년 조사에 따르면 1위가 러시아계로 83%, 그다음 2위가 한국계 러시아인으로 5.5%(약 3만 명)라고 한다.

사할린섬의 자작나무 숲속에는 한민족의 한이 서려 있다. 일제 강점기에 강제노역으로 이곳까지 끌려와 탄광과 벌목지에서 혹사를 당하다 해방된 뒤, 돌아갈 곳을 잃은 사람들의 후예들이 살고 있다. 이들은 일본에 버려지고, 조선에도 버려진 사람들이었다.

일본이 패망하자 일본인들은 배를 타고 자기 나라로 돌아가면서, 남아 있던 조선인들에게 귀국선이 올 것이라고 거짓으로 약속했다. 그 말을 믿고 코르사코프(Korsakov)항에서 배가 오기를 기다리던 이들은 우즈베키스탄, 키르키스스탄, 카자흐스탄 도시 카라간다 등 사방에서 모인 한국인들이었다. 그들은 하염없이 홋카이도 바다를 바

그 눈물이 찬양이 되기까지

라보며 귀국선이 오기를 기다렸다.

바로 그 고개, 망향의 언덕, 슬픔의 언덕에 위령탑이 세워졌다. 일본과 러시아의 싸움에서 양국에서 버려지고, 고향인 조선에서도 품을 수 없어서 사할린에 버려진 그들을 기리기 위해 세운 위령탑이었다. 이 땅은 민족 비운의 역사가 그대로 담겨 있는 곳이다.

사할린섬에서 사역하고 있는 천병기 선교사님은 1990년, 젊은 혈기 속에서 담임목사님의 한마디 "가라꼬!"에 그대로 순종하고 성령님께 이끌리어 부인과 세 자녀를 미국에 두고 홀로 사할린 땅으로 왔다. 자신의 세 자녀들을 미국 땅에 버려두고 아이들에게 원망을 들어가며 죄인처럼 살았다. 그러나 하나님께서는 그들을 너무도 잘 키워

주시고 아이들도 아빠를 이해하게 되었다. 그들이 있었기에 삶이 허전하지 않았고 하나님의 사명을 잘 감당할수 있었다고 한다. 꿈도 희망도 없이 러시아인으로 살아야 했던 사할린 한인들에게 복음을 통해 꿈을 심어주라고 하나님은 선교사님을 이곳으로 보내신 것이다.

사할린섬의 한국 사람들은 사랑과 사람에 굶주려 있었다. 아무도 관심을 가지지 않았던 버려진 땅에 하나님의 손길이 뻗쳤다. 손만 내밀면 바로 다가왔다. 하나님은 한국인들을 전 세계로 흩어지게 하셨는데, 러시아 땅에서는 이 디아스포라 고려인들을 통역관으로 사용하셨다.

사할린 땅은 공산주의의 잔재가 남아 있는 곳으로, 사람들은 삶의 목표가 없고 희망도 없는 듯 보였다. 선교사님은 처음 이곳에 와서 온통 쓰레기로 뒤덮인 땅을 구입해 교회를 세웠다. 모자라는 인력은 맨땅에 헤딩하며 하나님께 기도했더니, 하나님께서 다 채워주셨다고 한다. 하나님의 사역은 우리가 상상할 수 없는 곳에서 상상할 수 없는 방법으로 일어난다.

그런데 교회가 자리를 잡고 부흥할 때마다 당국은 교회를 빼앗으려고 행패를 부렸다고 한다. 그때마다 장소를 옮겨 다니며 교회를 세웠다. 그러다가 드디어 커다란 창고 건물을 매입, 성도들의 헌신으로 예배당을 직접 지어 자기 건물에서 예배드리게 되었다. 러시아 정교회의 박해 속에서도 교회는 꾸준히 성장했다. 이제는 당국과 대처하는 방법도 알게 되어 싸울 줄도, 타협할 줄도 알게 되었다고 한다.

그 눈물이 찬양이 되기까지

이곳에서 한국인뿐만 아니라 러시아인에게도 복음을 전하고 성경을 가르친 결과, 지금은 많은 열매가 맺히고 있다. 매일 드리는 새벽 예배로 교인들은 깨어나기 시작했다. 마약과 알코올로 찌들어 살던 사람들이 복음을 들은 후, 개과천선하여 아코디언 연주자도 나오고, 기타를 치며 찬양을 인도하는 사역자도 나오고, 모스크바의 신학교를 나온 목사도 나왔다.

이 유즈노 은혜교회가 커지면서 30개 이상의 지교회를 세웠다. 모든 교회는 현지인들이 담임 목사를 맡고 있으며, 성령 충만하고 은혜 충만한 신앙 공동체를 이루자 많은 사람이 모여들었다.

우리 선교팀은 유즈노에서 북쪽으로 발길을 옮기며, 그 많은 교회를 하나하나 돌아보면서 함께 예배를 드렸다. 현지인들이 얼마나 기뻐하는지 그 모습을 보며 눈물범벅이 됐다. 새로 개척한 교회에서 우리 선교팀 리더인 김성웅 장로님이 내게 "목사님, 사할린으로 미용 보따리 싸가지고 이사 오셔서 미용도 가르치고 말씀도 가르치세요"라고 말씀하셨다. 농담이 아닌 진담이었다. 나는 "장로님, 안 돼요.

여기서 살면 추워서 얼어 죽어요. 그렇게 순교하고 싶지 않아요"라고 농담 반 진담 반을 했는데 후에 그 김 장로님이 천 선교사님의 후임으로 사할린 땅에 가시게 되었다.

천 선교사님은 유즈노 사할린 북쪽에 사는 5개 미전도 종족을 대상으로 북방 선교를 하며 계속해서 위로 뻗어나가셨다. 그리고 사할린섬 동부 연안에 위치한 도시 노글리키에 센터 교회를 건축했다. 우리는 유즈노사할린 북쪽에 있는 돌린스키 은혜 수양관에서 천 선교사님이 당국과 싸워 승리한 무용담을 들으며 융숭한 대접을 받고 돌아왔다.

이후, 우리 단기 선교팀을 최선을 다해 섬겨주신 그 천 선교사님이 세계선교사대회 참석차 미국을 방문하셔서 만났는데 나는 너무나 놀랐다. 그동안 바윗돌처럼 끄떡없이 건재하셨던 천 선교사님이 휠체어를 타고 계셨고, 김 장로님이 그분을 밀고 오셨다.

"선교사님, 이게 웬일이세요?" 하고 묻는데 눈물이 왈칵 쏟아졌다. 2년 전 베트남에서 뵈었을 때만 해도 얼마나 씩씩하고 건강하셨는데…….

그 추운 지방 사할린에서 생활하다가 중풍을 맞아 쓰러지셨다는 것이다. 이럴 수가……

선교지에서 골병들고 힘들어도 하나님의 사랑 때문에 온갖 고생을 참고 견뎌온 선교사님이셨다. 나는 그동안 전 세계로 선교 다니느라 바쁘다 보니 그 소식도 모르고 지냈다. 천 선교사님이나, 미국에서 잘 나가던 분이 갑자기 사할린 선교사를 자원해서 천 선교사님을 돕고 계시는 김 장로님이나 모두 참 존경스러운 선교사님들이시다.

사할린이 물이 바다 덮음같이 하나님의 은혜가 넘치는 땅이 되고 모든 영혼이 주님께 돌아오길 기도드린다.

<u>39</u> 풍요로운 흑토를 가진 우크라이나

아르메니아에서 사역을 마친 우리는 곧장 우크라이나로 선교를 떠나야 했다. 한 팀은 전날 먼저 떠났고, 나머지 일행은 부랴부랴 아르메니아 공항에 도착했는데 항공권이 없단다. 분명 모든 사람의 항공권을 예매했는데 어떻게 된 일인지 물어보니 그들도 모른다며 어깨를 으쓱해 보인다. 그러면서 항공권이 달랑 한 장 있다면서 내 것만 주었다. 내일 당장 설교해야 할 한기홍 목사님의 항공권은 없어서 직원에게 내 것을 목사님 티켓으로 바꿔 달라고 했지만, 그것마저 안 된다고 한다. 우리가 예매한 항공권을 없애는 재주는 있으면서 그까짓 티켓하나 바꾸지 못하냐고 항의했더니 그제야 내 티켓과 담임 목사님의 티켓을 바꿔줘서 목사님은 제시간에 출발하실 수 있게 됐다.

하지만 결국 나와 한 사모님, 집사님 세 명은 비행장에서 다음 날까지 밤을 새워야 했다. 우리는 공항 구석에서 함께 기도하고 성경 말씀을 나누며 시간을 보냈다. 다행히 다음 날 아침에 항공권이 마련되어 우크라이나로 향했다. 선교를 다니다 보면 후진국, 특히 공산주의를 벗어나지 못한 나라에서는 시스템이 너무 엉망이어서 가끔 이

그 눈물이 찬양이 되기까지

런 황당한 일이 생긴다.

우크라이나에 도착하니 김교역 선교사님이 우리를 맞이해 주셨다. 길 양옆에서 신학생들이 박수를 치며 환영해 주었는데, 그들의 모습이 밝고 행복해 보였다. 선교사님은 우리를 만난 후, 볼멘소리로 "세상에, 나를 이십 년 전에 황무지인 이 우크라이나 땅에 보내놓고 이제야 본 교회에서 방문을 왔네요"라고 하신다. 원망처럼 들리기도 했지만, 그 목소리에는 흥분과 기쁨이 가득했다. 그 말은 금세 웃음과 환호로 묻혀버렸다. 사실, 이십 년 동안 한 번도 돌아보지 않았으니 무심하다는 말이 틀린 건 아니었다.

미국 은혜교회에서 우크라이나에 단 한 명의 선교사를 파송했는데, 그 선교사님은 이십 년 후 팔십 명이 넘는 목회자를 배출하고 많은 선교사를 파송하셨다고 한다. 한 명의 선교사님이 얼마나 귀한 존재인지…. 선교사님은 번듯한 신학교 건물에서 현지인들을 모아 아침부터 기도와 말씀을 가르치고 계셨다. 하나같이 선교사님보다도 큰 신학생들이 이리저리 움직이는 모습만 봐도 뿌듯했다.

우크라이나에서 열린 목회자 집회에서는 뜨거운 열기 속에서 성령님의 역사가 강하게 일어났다. 한 목사님이 말씀을 전할 때마다 목회자들은 "아멘!"으로 화답하며 두 손을 높이 들고 할렐루야를 찬양했다. 성령님이 그들 속에 함께 하셔서 너무나도 은혜로웠다.

신학생들은 기숙사에서 묵으면서 새벽마다 일찍 일어나 한국어로 "주여, 주여!"를 부르짖으며 바닥에 꿇어앉아 두 손을 높이 들고 기도했다. 그 모습은 러시아 신학교에서 본 신학생들의 모습과 똑같았다. 회개의 눈물로 집회 현장은 울음바다가 되었다. "하나님 감사합니다. 하나님이 하셨습니다. 할렐루야!"라며 커다란 몸집의 현지인들이 우는 모습은 정말 감동적이었다. 기쁨이 넘치는 사역이었고, 성령의 기름 부으심이 충만한 집회였다.

우리의 단기 선교는 현지인 선교사님에게 힘을 실어주기에 충분했다. 당시 우크라이나는 러시아의 침공을 받을 때였고, 전쟁이 곧 일어난다고 했지만 우리는 거리낌 없이 우크라이나로 갔다. 우크라이나는 크림반도를 러시아에 빼앗겼다. 우리가 도착한 곳은 수도 키예프에서 60㎞ 떨어진 곳이었다.

토지가 메말라서 배추씨를 심어도 엉겅퀴가 난다는 케냐와는 달리, 이곳은 흑토로 무엇을 심어도 잘 자란다. 이렇게 풍요로운 땅을

그 눈물이 찬양이 되기까지

가지고 있으면서도 그들의 삶은 참 가난하다. 언젠가는 주님이 주시는 은혜로 이 땅도 회복되리라 믿는다. 그들의 외모를 보면 전혀 빈곤해 보이지 않았고, 하나같이 키가 훤칠하니 잘생겼다.

우크라이나는 러시아와 뿌리가 같다고 한다. 결국 한 민족끼리 싸우는 모습은 대한민국을 떠올리게 한다. 현재는 러시아가 우크라이나를 침공하여 많은 희생자가 발생하고 있다. 많은 사람이 이웃 폴란드로 피난 가거나, 선교사님들은 본국인 미국으로 돌아오고 있는데, 김 선교사님은 돌아갈데도 없고 이럴 때일수록 그의 손길이 더 필요하다며 남아서 교인들을 열심히 섬기고 있다.

김 선교사님은 애굽 총리가 된 요셉처럼 하나님이 주신 지혜로, 미리 많은 양식을 준비하고, 이웃 사람들에게 양식을 나누어주며 가난한 자는 누구든지 다 이리로 오라며 홀로 남아서 열심히 그들을 섬기

고 있다. "내가 이곳을 떠나면 제자들을 어떻게 하냐?" 하시면서, 그
들을 배반할 수 없다며, 폭염이 쏟아지는 그곳에서 끝까지 남아 사람
들을 섬기고 계신다. 나를 그곳 선교지로 인도해주신 하나님께 진심
으로 감사드린다.

"주여, 하루빨리 우크라이나 땅에 전쟁을 종식시켜 주시옵소
서. 우크라이나 사람들이 평화롭게 살게 해주옵소서."

"또 여호와의 구원하심이 칼과 창에 있지 아니함을 이 무리
에게 알게 하리라 전쟁은 여호와께 속한 것인즉 그가 너희를
우리 손에 넘기시리라"(삼상 17:47)

그 눈물이 찬양이 되기까지

<u>40</u> 우즈베키스탄 선교의 문을 열 나라 키르기스스탄

우즈베키스탄, 타지키스탄, 카자흐스탄, 중국과 국경이 맞닿아 있는 키르기스스탄은 중앙아시아 내륙에 위치한 공화국이다. 키르기스어와 러시아어를 공용어로 사용하며, 수도는 비슈케크이다. 한때 소련의 위성 공화국이었다가 1991년에 독립했다.

키르기스스탄 사람들은 40개국의 부족과 80개의 민족으로 이루어져 있는데, 그들의 얼굴 생김새가 우리나라 사람들과 많이 닮았다.

키르기스스탄 선교사님의 갑작스러운 도움 요청을 받고, 우리는 아무런 준비 없이 급히 항공권을 구입, 4명이 이스탄불을 경유하여 키르기스스탄 수도 비슈케크에 도착했다.

이곳은 "중앙아시아의 스위스"라고 불릴 만큼 자연이 아름다운 곳이다. 국토의 대부분이 산으로, 끝이 보이지 않는 산지의 산등성이에는 만년설이 하얗게 덮여 있고, 그 밑으로 흐르는 강은 구름과 맞닿아 강과 하늘을 분간하기 어려울 정도였다. 자작나무와 미루나무가 흐트러짐 없이 두 줄로 보초를 서고 있다. 빙하가 녹은 물은 사파이어 빛을 띠고 고요히 흐르고 있는데, 보고 있으면 평화 그 자체이자 숨이 막힐 정도로 아름다운 보석이었다.

　이곳은 전체 인구의 80%가 이슬람을 믿고 있어, 이슬람의 방해와 기독교인들에 대한 핍박이 심해 복음을 전하는 것이 매우 어렵다. 그럼에도 불구하고 키르기스스탄 사람들은 예수님의 제자 마태의 무덤이 자기 땅에 있다며 자부심을 가지고 있다.

　많은 핍박 속에서 강 선교사님은 추방되었다가 우여곡절 끝에 다시 키르기스스탄으로 돌아오셨다. 20년을 넘게 그들이 함께하던 선교사님을 다시는 못 볼 줄 알았는데, 선교사님이 돌아오셔서 얼마나 반가웠던지 서로들 선교사님의 목을 끌어안고 울고불고 난리들이었다고 한다.

　그동안 중국에서 많은 신도가 이곳으로 이주해 왔다고 한다. 그래서 선교사님은 갑자기 우리에게 SOS를 보내셨다. 우리는 중국 사람

그 눈물이 찬양이 되기까지

들을 위해 최선을 다해 찬양과 율동으로 하나님의 말씀을 전했다. 그들은 억눌렸던 세월을 뒤로 하고 마냥 기쁨에 차서 할렐루야를 부르며 하나님을 찬양했다. 그러나 공안 때문에 아직도 사진 찍기를 두려워했다. 그들의 소원은 자기 나라 사람들이 이곳에 와서 중국어로 뜨레스디아스를 진행하는 것이란다. 우리는 기도하면 하나님께서 꼭 이루어주실 거라고 위로하면서 합심해서 기도드렸다.

피아니스트 박 선교사님이 근처에서 사역하는 동생 선교사님 내외를 도와서 이곳 키르기스스탄에서 사역하고 계셨다. 하나님께서는 때에 맞추어 박 선교사님을 보내셔서 멋진 연주를 하게 하셨다.

"여호와 이레!"

현지인들이 우리를 앞에 세워 놓고 팔을 벌려 축복송을 불러주는데, 눈물이 펑펑 쏟아졌다. 그들은 온 마음과 정성을 다해 우리를 섬겨주었다.

키르기스스탄 여인들의 소원은 면사포를 쓰고 웨딩드레스를 입고 결혼식을 올리는 것이라고 한다. 그곳 사람들의 전통으로는 마음에 드는 처녀가 있으면 남자가 밤에 보쌈해서 데려가 살면 부부가 된다고 한다. 그래서 많은 여인이 드레스를 입어보지 못했다는 것이다.

선교팀은 미국에서 많은 웨딩드레스를 공급받아 키르기스스탄에서 합동 결혼식을 열어주었다. 그날 피아노 연주도 해주고, 화장도 예쁘게 해주고, 손톱도 매니큐어를 예쁘게 발라주었다. 그들의 행복한 모습을 보면서 우리도 행복해졌다. 키르기스스탄 사람들의 결혼식은 어떤 특정한 형식이 있다기보다는 그저 마음껏 먹고 춤을 추며 즐기는 것 같았다.

그 눈물이 찬양이 되기까지

키르기스스탄은 우즈베키스탄 선교의 문을 열 수 있는 나라로 중앙아시아 전체는 물론 러시아와 중동까지 복음을 전할 수 있는 선교의 허브 같은 곳이다. 아름다운 자연과 친절한 사람들, 모든 주민이 하나님께서 그들의 중심을 보시고 때를 따라 필요를 채워주시는 분이심을 알게 되기를 소망한다.

"보내심을 받지 아니하였으면 어찌 전파하리요
기록된 바 아름답도다 좋은 소식을 전하는 자들의
발이여 함과 같으니라"
(롬 10:15)

<u>41</u> 순교자의 피가 흘려진 땅 타지키스탄

두샨베라고 해서 나는 무슨 두메산골 이름인 줄 알았더니 타지키스탄의 수도가 두샨베였다. 막상 가보니 두메산골은 아니지만 고지에다가 환경이 열악하기는 두메산골이었다는 말이 맞는 것 같았다. 키르기스스탄을 다녀왔기 때문에 나는 이곳도 키르기스스탄과 비슷하겠거니 생각했는데 내 생각이 완전히 빗나갔다. 키르기스스탄 사람들은 40개국의 족속으로 이루어졌다고는 하나 거의가 다 우리처럼 한 족속의 얼굴 생김생김인데 두샨베는 유럽이랄까 유라시아 아니 아랍 사람을 닮은 사람들이 많았다. 국교가 이슬람교이다 보니 이곳은 여성들이 결혼할 때 처녀성 검사를 해야 한단다. 결혼식 때는 웃어도 안 되고 신랑과 눈을 마주쳐도 안 된다고 한다. 웃음을 보이면 처가를 떠나는 것이 즐겁다고 오해받는다고 한다. 우리나라 조선시대와 비슷한데 이곳은 더 숨이 막힐 것 같았다.

타지키스탄은 아프가니스탄과 우주베키스탄 그리고 키르기스스탄으로 둘러싸인 이슬람 국가로서 구소련 국가에서 1992년에 독립을 했는데 아직도 대통령 한 사람이 그 나라를 통치 한다. 그러나 공산

그 눈물이 찬양이 되기까지

국가는 아니다. 왜냐하면 대통령을 투표로 뽑았기 때문이다. 역시 싸우기도 싫고 반항하기도 싫은 안위한 국가다. 많은 사람이 일하기 싫어서 공산 국가일 때를 선호한다.

타지키스탄어를 사용하지만, 러시아어와 우즈베키스탄, 아랍어를 사용해서 통역이 많은데 여호와 이레라고 한국 사람이 현지인과 결혼해서 현지인은 4개 국어를 능통하게 하고 한국 남자는 두샨베말로 통역을 계속해 나간다. 세계 곳곳마다 디아스포라 한국인이 안 들어간 곳이 없어서 여호와 이레 하나님이 통역관까지 다 예비하셨다.

사람들은 순수하다. 30년을 넘게 현지인과 생사고락을 함께한 최윤섭 선교사님이 얼마나 훈련을 잘 해놨는지 섬기러 간 우리가 섬길 것이 없었다. 그러나 그곳은 순교자의 피가 흘려진 땅이다. 너무나 어려운 선교를 감당하고 있는 최 선교사님이 계셨기에 오늘날 우리는 순조롭게 그곳에서 단기 선교를 이어 나갈 수가 있었다.

처음부터 성령 충만을 부르짖으며 모슬렘 지역에 하나님의 특별한 돌보심으로 사역하게 해달라고 부르짖어 기도했다. 특별히 기억나는 것은 어느 한 자매가 집단으로 강간을 당한 적이 있어서 심한 우울증에 빠져있었다. 그 자매를 엄마와 언니가 삼박사일의 프로그램에 데리고 온 것이다. 그는 웃지도 않고 말도 없이 하루 종일 고개를 숙이고 한쪽만 바라보고 있었다. 이번 프

로그램의 랙터를 맡으신 정재영 장로님과 함께 부인이신 간호사 출신 정 권사님은 그녀를 처음부터 끝까지 잘 돌봐 주셨다. 계속 토닥여주고 안아주며 그녀가 필요한 것을 챙겨주셨다. 우리가 돌아올 때쯤에는 고개를 들어 미소도 보이고 말도 하기 시작했다. 이렇게 정성을 다해 돌봐준 결과 하늘도 감동을 받았는지 그녀의 우울증은 점점 회복되기 시작했다. 할렐루야!

정 권사님은 미국에 와서도 계속 그녀를 집중적으로 돌보며 물질 후원과 함께 안부를 물었다. 현지에서는 그녀가 거의 정상으로 돌아왔다는 반가운 소식을 전해왔다. 한 영혼이 천하보다 귀하다는 주님의 말씀을 실천했다.

몇 년 전에 타지키스탄에서는 교회가 테러를 당해서 폭파되고 많은 교인이 상처를 입거나 사망하는 사건이 비일비재했다. "우리의 싸움은 혈과 육에 있는 것이 아니요", "하나님의 군대가 전진한다" 같은 찬송가의 내용이 혐오감을 준다고 현지 목사님을 끌고 가서 징역형을 선고하기도 했다. 최 선교사님은 몇천 명이 모이던 교회가 테러를 당하고 교회 건물을 다 빼앗겼다고 한다. 그러다 보니 많은 신도가 뿔뿔이 헤어지고 먹고살기 위해서 러시아로 떠났다고 하는데 이

그 눈물이 찬양이 되기까지

곳은 너무도 평화로웠다. 그동안의 열매가 아직도 생생히 살아 움직이고 있음을 보고 눈물 나도록 감사하고 한 명의 선교사님을 파송해서 이렇게 많은 열매를 맺은 것을 보니 하나님이 함께하신다면 능치 못할 일이 없음을 실감했다.

남아있는 몇백 명의 신도들을 이끌고 최 선교사님은 쉬지 않고 기도하며 아버지처럼 남은 신도들을 돌보고 계신다. 교회가 컸을 때는 신도들의 이름을 일일이 불러주지 못해서 안쓰러웠는데 이제는 지나가는 성도 한 사람 한 사람을 다 어루만지며 이름을 불러주니 신도들이 너무 좋아하고 은혜가 넘친다고 하신다.

선교사님은 가족적인 분위기로 지금이 그때보다 더 행복하다고 하신다. 아마 상처를 잊기 위해 자신을 내려놓는 방법이고 스스로를 위로하는 것이 아닐까도 생각해 본다. 교인들은 하나같이 밝고 명랑하게 하나님을 섬기듯이 선교사님을 아버지처럼 따른다.

그곳에는 중국에서 온 많은 신도가 있었다. 우리는 프로그램에 따라 사역하고 있는데 중국인들이 하나님께 죄를 고백하는 프로그램

과정에서 자기네와 맞지 않는다고 거부를 하며 열몇 명이 한꺼번에 나가버렸다. 선교사님은 잠도 안 주무시고 밤새껏 혼자 기도를 하셨다. 그런데 하나님은 금방 그 중국분들의 마음을 풀어주시고 교회로 돌아오게 하셨다. 그리고는 자신들의 경솔함을 회개하면서 눈물로 간증했다. 역시 하나님의 일은 우리가 하는 것이 아니라 하나님이 하신다는 것을 깨달았다.

선교사님은 말씀 중에 선교지에서는 되는 일도 없고 안 되는 일도 없다고 하신다. 하나님이 주시면 되고 안 주시면 못 한다는 것이다. "선교사 한 명이 국가와 민족을 변화시키고 구원할 수 있다"라는 선교지의 표어에 전적으로 동의한다. 민들레 홀씨 하나가 전 타지키스탄을 변화시키고 무슬림에 얽매여 사는 영혼들을 살릴 줄 믿는다.

예수님께서 "수고하고 무거운 짐 진 자들아 다 내게 오라 내가 너를 편히 쉬게 하리라"는 말씀을 통해 율법에 허덕이는 유대인들에게 율법에서 자유케 해주겠다고 말씀하셨듯이 무슬림 율법에서 허덕이는 영혼들이 자유를 누리고 편히 쉼을 얻으리라 믿는다.

열정적인 예배를 마치고 흠뻑 젖은 몸으로 숙소에 들어가 샤워하는 시간도 행복했다. 첫 번째 숙소에서 샤워장이 없어서 씻지 못하고 있다가 다음 행선지는 호텔이라고 해서 팀멤버들은 따끈따끈한 물로 맘껏 샤워할 수 있겠다고 기대했다. 그런데 아뿔싸~ 샤워장은 있는데 따뜻한 물이 안 나왔다. 선교사님 방은 아예 물이 안 나왔다.

그러나 우리 방만 따뜻한 물이 나와서 우리는 오성급 호텔이라고 자랑했는데 옆방 팀이 우리 방에 와서 샤워를 해보고는 오성급이 아

그 눈물이 찬양이 되기까지

니라 칠성급이라고 업그레이드를 시켜줘서 행복한 웃음을 선사했다. 이런 교류를 통해 우리 멤버들은 더 끈끈한 정을 나누며 서로에 대한 존중과 친교를 나눌 수가 있었다. 우리는 돌아오는 길에 뜨거운 뙤약볕 사막 같은 아프가니스탄 국경으로 가서 아프가니스탄을 향해 두 손 들고 소리높여 저 땅을 구원해달라고 간절히 기도했다.

"성령 하나님 저 땅을 예수님의 보혈로 덮어주옵소서."

나와 최윤섭 선교사님 가족 모두는 서울 퇴계로에 있던 일신초등학교 동창이고 동문이다. 특히 최윤섭 선교사님은 러시아 알타이에서 선교하시는 최윤정 선교사님의 동생으로서 누님의 끈질긴 기도로 30년 넘게 타자키스탄에서 선교하고 있다.

누님은 동생이 선교지에서 순교하게 해달라고 기도하신단다. 최 선교사님은 목멘 소리로 "순교하려면 자기나 하지 왜 나를 끌어넣냐?"라고 투정 아닌 투정을 하고 계시지만 그것은 감사의 어리광이라는 것을 우리는 알고 있다. 하나님의 은혜로 그 가족 모두는 하나님의 일을 하고 계신다. 두 누님 권사님과 동생 장로님까지 계속 후방에서 기도와 물질로 지원하고 계신다.

<u>42</u> 세계 최초로 기독교를 국교로 인정한 아르메니아

아르메니아는 서아시아의 아르메니아고원에 있는 내륙 국가로 수도는 예레반이다. 주위는 모두가 모슬렘 국가인 조지아, 아제르바이잔, 튀르키예, 이란, 아르차흐 공화국과 국경을 접하고 있다. 인구의 92.5%가 아르메니아 사도 교회Armenian Apostolic Church 교인이다. 시리아 정교회, 콥트 정교회에 비해 의례적이고 보수적인 면이 강하다.

아르메니아는 소련에서 독립, 지리적으로는 서아시아에 위치하지만 정치, 경제, 문화적으로는 유럽과 가까운 나라이다. 그들의 외모는 아시아와 유럽을 섞은 듯한 모습으로, 종종 유러시안이라 불린다. 많은 아르메니아 사람이 미국에서도 살고 있는데, 그들은 돈 버는 일에 있어서는 유대인 못지않게 상술이 뛰어난 것으로 알려져 있다. 아르메니아인 중에는 유대인 혈통을 가진 사람들이 많다고 한다. 그런데 막상 아르메니아에 가보니 순수하고 매우 친절했다.

아르메니아는 301년에 세계 최초로 기독교를 국교로 인정한 나라로 유명하다. 그곳에는 1세기까지 거슬러 올라가는 사도전승을 가진 아르메니아 사도교회가 있다. 1세기에 바돌로매와 마태 두 사도가 처음으로 아르메니아에서 그리스도교를 전파했다는 전승으로 인해서 대단한 자부심을 가지고 있다.

19세기 말, 오스만 제국(터키 정부)은 아르메니아 기독교인들을 집단 학살했다. 아르메니아 사람들은 오랫동안 많은 핍박을 받았다. 특히 튀르키예에서 강제 이주를 당한 그들은 세계에서 가장 많은 순교를 당한 나라이기도 하다. 결국 그들의 자랑인 노아의 방주가 정착했다는 아라랏산도 러시아에 의해 튀르키예에게 **빼앗겼다**. 주변국들은 모두가 이슬람교도들인데 아르메니아만이 기독교를 지키며 꿋꿋하게 살아가고 있다.

아르메니아는 자원이 부족하고 아직도 궁핍한 생활을 하고 있지만, 어디를 가나 참으로 깨끗하다. 최초의 기독교 국가답게 신앙적인 유적지들도 많았다. 서울시 면적보다 큰 세반호수 언덕에는 아직도 오래된 작은 수도원이 방치되어 있다.

첫 번째 선교 때, 우리는 새벽 2시에 공항에 도착했는데 아르메니아 현지 목사님이 우리를 마중 나와 주시고, 푸짐한 아침 식사까지 대접해 주셨다. 목사님 사택 뒷마당에서 보면 아라랏산이 보이는데, 오늘은 날이 흐려서 노아의 방주가 보이지 않는다고 농담도 하셨다.

선교를 다니다 보면, 전 세계에서 온 단기 선교사님들을 만나기도 한다. 나는 이곳 아르메니아에서, 독일에서 오신 조익현 선교사님을 만났는데, 발까지 불편한 몸으로 열심히 기도하며 봉사하시는 모습을 보고 많은 은혜를 받았다. 덕분에 독일과 네덜란드에서 오신 권사님들과 같은 방을 쓰며 기도로 우정을 나누고 즐거운 마음으로 봉사했다. 우리는 본국으로 돌아온 후에도 교류하며 지냈다. 또 독일에서 만나 유럽 여행을 함께 하기도 하고, 한국에서 만나 세계적인 모임을 갖기도 했다. 참 좋으신 하나님께서는 이렇게 세계 각국에 퍼져 있는 디아스포라를 만나게 해주셨다.

두 번째 선교 때는 한의사 집사님과 함께 다른 팀보다 하루 일찍 아르메니아에 도착했다. 현지 선교사님의 소개로 현지인 교수님과 목사님을 만났는데, 아르메니아는 내가 두 번째로 온 선교지여서 아주 낯설지는 않았다.

우리는 교수님 일행과 함께 그들이 안내해 주는 음식점에 들러 맛있는 음식을 하고 있었는데, 갑자기 함께 간 집사님이 아르메니아 사람들은 "게을러서 일을 안 하기 때문에 가난하다"고 했다. 나는 그 말을 듣고 너무 놀라서 내 귀를 의심했다. 현지인 교수님과 목사님은 그 말을 잘못 들었다는 듯 고개를 갸우뚱하며 얼굴색이 변하셨다.

아무리 선교 교육을 제대로 받지 못했다고 해도, 현지인에게 대놓고 이런 말을 할 수 있는지 도무지 이해되지 않았다. 이런 일이 발생하지 않도록 사전에 철저한 선교 교육을 하고 떠난다. 그렇지 않으면 현지인들에게 상처를 주기 십상이고, 그러면 선교의 문이 닫힐 수 있다. 문제는 그 집사님 자신이 무슨 실수를 했는지도 모르고 있었다는 점이었다. 다행히 현지인 교수님과 목사님은 깨어 있는 지도자들이고, 신실한 예수님의 제자들이었기 때문에 그 일을 문제 삼지는 않으

그 눈물이 찬양이 되기까지

셨다.

　우리는 선교하러 가기 전에 여러 차례의 미팅을 통해 미리 교육을 받고 떠나는데, 이 집사님은 다른 교회에 다니는 분으로, 이번에 우리 팀에서 실시하는 단기 선교에 자원해서 함께 오게 됐다는 말을 들었다. 당시 "대장금"이라는 TV 프로그램 덕분에 한방과 침술이 전 세계에서 인기를 끌고 있었고, 그래서 선교를 다닐 때마다 우리는 한의사를 동행하려고 했다.

　나는 이 상황을 벗어나기 위해 음식이 맛있다고 화제를 돌리고, 미국에 사는 아르메니아 사람들은 부지런하고 성실하며, 유명 음식점을 운영하는 사람이 많은데, 나는 특히 호박 속에 견과류를 섞은 음식을 좋아한다고 말했다. 그리고 오늘은 내가 대접하겠다면서 음식 값을 계산했다. 그리고 이곳에 아름다운 고궁이 많다는데 구경 좀 시켜달라며 자리에서 일어났다.

우리는 아르메니아 사도교회를 돌아보고, 일일이 설명까지 들으며 유쾌한 기분으로 관광을 즐겼다. 그 다음날, 미국에서 온 다른 팀과 볼리비아에서 온 현지인 팀과 함께 찬양과 율동을 하며 하나님의 말씀을 전했다. 그들의 예배드리는 모습은 얼마나 경건한지, 기도가 곧바로 하늘나라로 올라가는 것처럼 느껴졌다. 아르메니아로 파송 받은 선교사님은 부인이 러시아인이고, 선교사님은 미국에서 고등학교를 교육받은 분이라 영어에 능통해서 미국에서 간 우리와 영어로 소

그 눈물이 찬양이 되기까지

통할 수 있어서 참 유리했다. 기도는 한국어로 해도 영적으로 통하기 때문에 자연스럽게 은혜를 받았다. 그래서 하나님께서는 우리에게 방언을 주신 것이 아닐까 싶다.

우리는 아르메니아와 이 민족을 향한 하나님의 놀라운 섭리와 계획을 고대하고 있다. 수많은 피난민도 어려움 가운데서 주님을 영접하고, 진정한 소망이신 주님을 만나는 사람들이 더 늘어나기를 기도한다.

"이르시되 내가 은혜 베풀 때에 너에게 듣고 구원의 날에 너를 도왔다 하셨으니 보라 지금은 은혜 받을 만한 때요 보라 지금은 구원의 날이로다"(고후 6:2)

<u>43</u> 무슬럼국가의 복음화를 위한 교두보 튀르키예

튀르키예에는 서아시아의 아나톨리아와 동남유럽 발칸반도의 동 트라키아에 걸쳐 있는 나라이다. 옛 명칭은 터키Turkey이다. 수도는 앙카라이며 가장 큰 도시는 이스탄불이다. 어려서부터 신비의 나라로 꼭 방문하고 싶었던 곳이 바로 이곳 이스탄불이다.

튀르키예는 공식 종교가 없지만, 전체 인구의 98.6%가 이슬람교도라고 한다. 튀르키예돌궐는 고대 제국들을 통해 동서양의 문화가 찬란하게 꽃핀 나라였으며, 에덴동산의 발원이 되는 티그리스강과 유프라테스강을 비롯해서 구약과 신약 이야기의 배경이 되는 곳이다. 40일 동안의 홍수로 빗속을 떠돌던 노아의 방주가 마침내 육지를 발견하고 머물렀다는 아라랏산이 있는 곳이자, 사도 바울이 태어난 곳이고, 바울과 그의 동역자 바나바가 선교사로 파송되어 세 번의 선교 여행을 통해 복음이 전해지고, 여러 교회가 세워진 곳이다.

이곳 안디옥 교회에서 예수님을 따르던 제자들이 최초로 크리스천이라고 불린, 이방의 예루살렘 같은 곳이었다. 또한, 요한계시록에 나오는 일곱 교회에베소, 서머나, 버가모, 두아디라, 사데, 빌라델비아, 라오디게

그 눈물이 찬양이 되기까지

아가 모두 이 지역에 세워졌다. 크리스천들에 대한 핍박이 심해지자, 믿음을 지키기 위해 동굴 속에 지하도시 카타콤을 만들어 공동체 생활을 했던 흔적이 아직도 남아 있다. 카타콤의 교인들이 어려운 상황에서도 복음을 지켰기 때문에 오늘 우리에게도 복음이 전해질 수 있었다.

기독교가 가장 번성했던 곳이자, 기독교 역사에 가장 큰 비중을 차지하고 있는 나라지만 안타깝게도 지금은 강력한 이슬람 국가가 되었다. 한때 고대 로마의 수도 콘스탄티노플이었던 지금의 이스탄불은 온통 이슬람교도로 뒤덮여 선교하기 힘든 곳이 되어 버렸다. 그럼에도 불구하고, 이슬람교도들을 구원하기 위해서 튀르키예는 여전히 매우 중요한 장소이다.

유럽과 소아시아를 잇는 한 가운데에 있어서, 사도 바울도 세 차례의 선교여행을 다닐 때마다 들른 곳이지만, 현재도 중동 지역 무슬림

국가들을 복음화하기 위한 교두보 역할을 하고 있다. 선교사님들은 잃어버린 영혼들을 구원하기 원하시는 하나님의 애타는 심정을 안고 이 튀르키예 땅을 밟고 있다.

1990년 구소련의 공산주의가 무너지면서 개방의 문이 열리기 시작할 때, 은혜교회는 24명의 선교합창단을 중심으로 구소련에서 선교를 시작했다. 그리고 많은 선교사를 파송했다. 그것이 기초가 되어 오늘날 튀르키예까지 선교할 수 있게 되었다. 이 모든 것이 하나님의 계획이 아니겠는가.

나는 그 동안 구 소련의 여러나라를 다니면서 선교를 했는데 튀르키예에서 목회자 세미나가 열린다는 소식을 듣고, 사방에 흩어져 있는 선교사님들을 다시 만날 수 있다는 생각으로 가슴이 설레었다.

튀르키예는 전쟁과 지진 때문에 사정이 많이 안 좋았지만, 그럼에도 불구하고 구소련 땅에 파송되었던 목회자들이 이번 목회자 세미나에 많이 오셨다. 오랜만에 만난 제자들과 감격의 포옹을 하고 얼굴을 비비며 반가워하면서 금세 눈물범벅이 되셨다. 처음 미국을 떠났던 선교사님들은 세월의 흐름을 보여주듯 역전의 노장들이 되어, 앞자리에 앉아 제자들의 열정적인 말씀과 힘찬 찬양을 들으면서 흐뭇해하셨다.

1세대 선교사님 중에는 하나같이 몸이 성한 사람이 없었다. 그동안 선교지에서 추위에 떨고 풍토병에 걸려서 죽을 위험을 무릅쓰고서 현지인들의 영혼 구원을 위해 애쓰신 분들이었다. 그 모습이 은혜가 되면서도 한편으로는 마음이 짠하고 눈물이 난다.

세월은 비껴갈 수 없지만, 이제 한세대를 장식한 1세대는 지나고, 그들이 키운 제자들이 또 제자들을 훈련해 많은 현지 목회자가 생겨났다. 새로운 젊은 목회자들이 성령 충만함으로 하나님을 찬양하는 모습에서 미래에 대한 새로운 비전을 보았다. 단기 선교를 다닐 때마다 우리가 선교사를 돕는 것이 아니라, 선교사님들이 우리를 돕고 있다는 것을 깨닫게 된다.

"우리의 혼미했던 영혼을 살려주시는 선교사님들, 감사합니다."

구소련 선교사님들은 미국 은혜 교회에 오실 때마다 마치 친정에 온 것처럼 반갑고 마음이 편안해진다고 한다. 본교회에서 보내는 선교사로 남아있는 우리는, 시집간 딸이 돌아온 것같이 너무나 안스러우면서도 반갑다. 이렇게 소아시아 튀르키예를 교두보 삼아, 수많은 이방인 선교사 '바울'들이 희생과 헌신으로 이슬람을 위한 선교는 이렇게 이루어져 가고 있다. 이제 1세대 선교사님들은 새로운 하나님 나라에서 주는 상급을 기다린다.

"나는 선한 싸움을 싸우고 나의 달려갈 길을 마치고 믿음을 지켰으니 이제 후로는 나를 위하여 의의 면류관이 예비되었으므로 주 곧 의로우신 재판장이 그 날에 내게 주실 것이며 내게만 아니라 주의 나타나심을 사모하는 모든 자에게도니라"(딤후 4:7~8)

44 소아시아 일곱 교회 순례

　요한계시록에 기록된 소아시아의 일곱 교회는 초기 기독교 세계에서 중심적인 역할을 했을 것으로 추정된다. 사도 요한은 황제 도미티안 시대에 예수를 증거했다는 이유로 밧모섬에 유배되었다. 그곳에서 요한은 하나님의 비밀 계시를 받아 소아시아에 있는 일곱 교회에 편지를 보냈는데, 그 편지는 단순한 안부가 아니라, 교회가 잃어버린 것, 찾아야 할 것 등에 관한 날카로운 지적을 담고 있었다.

에베소 교회는 첫사랑을 잃어버렸다(계 2:4).

서머나 교회는 환난과 핍박에서도 존경을 받았다(계 2:10).

버가모 교회는 이단의 가르침을 따르는 자들이 있기에 회개해야 한다(계 2:16).

두아디라 교회는 거짓 선지자들의 가르침에 빠졌다(계 2:20).

사데 교회는 회개해야 한다(계 3:2-3).

빌라델비아 교회는 믿음과 말씀으로 인내했다(계 3:10).

라오디게아 교회는 하나님에 대한 신앙이 미지근했다(계 3:16).

그리고 이러한 지적은 오늘날의 무수한 교회들을 향한 것이기도 하다. 이 가르침을 옛 가르침으로 치부하고 우리와 상관없는 것으로 여긴다면 현대의 크고 작은 교회들의 운명은 이 소아시아의 일곱 교회처럼 역사 속으로 사라져 버릴지도 모른다.

소아시아에 가서 나는 그 초대 교회들이 있던 도시를 찾아갔다. 교회들이 있었던 장소에 가서 가만히 서 있기만 해도 가슴이 뛰고 눈물이 날 것만 같았다. 지금은 뼈만 남아 있는 기둥들을 바라보니, 먼 시간을 지나 21세기의 내게도 하나님의 그 놀라운 역사에 전율이 느껴졌다.

예베소 신전을 지었을 때 얼마나 자랑스럽고 웅장했었겠나? 그런데 그 영광도 사라지고 지금은 돌밖에 남은 것이 없다. 사람들의 구경거리 밖에 되지않는다. 그러니 우리가 이 땅에 있을 때 한 사람이라도 주님께 인도해야겠다. 화려했던 과거는 사라지고 지금은 뼈만 앙상하게 남아 있어 구경거리에 불과하다. 사람의 영광은 영원하지가 않다.

소아시아의 일곱 교회들의 흔적을 돌아보면서, 복음이 다시 전해

그 눈물이 찬양이 되기까지

지고 일곱 교회의 영성이 다시 살아나도록 힘써야겠다는 결심과 그 선교지들을 향한 축복 기도가 절로 나온다.

"주여, 이 땅이 하나님을 향한 첫사랑을 회복하고, 다시 헌신하는 곳이 되도록 우리를 써주시고 홀로 영광 받으소서."

우리의 사역이 자랑스럽고 영광스럽지만, 해야 할 일은 아직도 너무 많다. 일곱 개, 아니 수천 개 교회들이 소아시아에 세워져, 사도 바울의 세 차례 선교여행을 지원해서 복음이 전 세계로 퍼져나갈 수 있도록 도왔던 것처럼 이슬람 세계를 복음화할 수 있기를 소망한다.

소아시아에는 에베소 신전 등 로마 시대의 신전도 많이 있었다. 로마제국의 지시로 세운 그 웅장한 건물을 보고 이교도들은 얼마나 기뻐하고 자랑스러워했을까?

그곳도 지금은 돌밖에 남지 않았다. 소아시아의 일곱 교회의 흔적들도 남은 터밖에는 없지만, 그곳은 관광지라기보다는, 교회가 어떻게 존재해야 하는지를 보여주는 성지이다.

그 일곱 성지에서 나는 이 땅에 있을 때, 한 사람이라도 더 주님께 인도해 영원한 하나님의 나라가 더 굳건히 세워지도록 헌신해야겠다고 다짐했다.

"귀 있는 자는 성령이 교회들에게 하시는 말씀을 들을지어다 이기는 그에게는 내가 감추었던 만나를 주고 또 흰 돌을 줄 터인데 그 돌 위에 새 이름을 기록한 것이 있나니 받는 자 밖에는 그 이름을 알 사람이 없느니라"(계 2:17)

그 눈물이 찬양이 되기까지

10부

아프리카 선교

45 _케냐

검은 피부 속에서 빛나는 아름다운 눈

동아프리카에 있는 케냐는 동아프리카에서 가장 큰 도시라고 알려져있다. 케냐의 수도 나이로비(Nairobi)는 "시원한 물"을 뜻한다. 나는 나이로비 공항에 도착하자마자 숨이 막힐 것 같은 햇볕과 뜨거운 공기를 가르며 잠시 하늘을 올려다봤다. 하늘은 푸르고 고흐의 그림에서나 볼 법한 나무들이 이글거리는 태양 빛을 받아 일그러져 있었고, 나뭇가지들이 서로 엉켜 있었다. 너무나 강렬한 햇빛이 그곳을 더욱 독특한 풍경으로 만들었다.

케냐에서는 "배추씨를 심으면 엉겅퀴가 나온다"고 한다. 그만큼 햇볕이 강렬하다는 것이다. "콩 심은 데 콩 나고 팥 심은 데 팥 난다"는 속담이 무색할 정도로, 이곳의 자연은 우리가 상상하는 것과는 전혀 다르다. 케냐에서 느낀 점 중 하나는 가난한 나라 사람들일수록 진한 남색을 좋아하는 것 같다. 어느 나라를 가든, 학교나 시장에서 볼 수 있는 유니폼 색깔이 모두 진한 남색이다.

우리나라가 "빨리빨리" 문화라고 한다면 케냐에서 가장 많이 쓰는 말이 "폴레 폴레" 즉 "천천히 천천히"라는 말이다. 케냐에서는 무엇이든 서두르지 않고 느긋하다. 마켓에서도 계산하는 사람들이 모두 앉아서 카운터를 본다. 그들에게는 마켓의 카운터 직업이 거들먹거리기까지 하는 걸 보면 큰 벼슬인 것 같다.

사람들은 주로 마파레 키베라에 빈민촌을 형성하고 살고 있었다. 소말리아에서 온 사람들이 용감하게 이곳에서 살아가고 있다. 그들의 삶을 보며 '저렇게 살아가는 사람도 있구나' 하는 생각이 들면서 마음이 아프고 가슴이 찡해져 눈물이 쏟아지고 내 삶에 감사가 쏟아진다. 그들의 삶을 통해 케냐 선교에 대한 비전이 생겼다. 유엔조차 포기한 백만 명의 인구가 이곳에 살고 있다고 한다. 하나님의 역사를 보고 하나님이 그들을 사랑하시고 그들을 회복시키겠다는 약속을 믿습니다.

아프리카 하면, 타잔이 나무 사이를 옮겨 다니면서 밀림에서 위험에 빠졌을 때 자기를 구하러 오라고 동물들을 부르는 "아아아아아아~"하는 고함소리가 떠오르곤 하는데, 아프리카의 현실은 우리와 별반 다르지 않았다.

우리 일행은 선교사님이 안내해 주는 학교 숙소에 짐을 풀었다. 선교사님의 사모님은 풍토병으로 아픈 곳이 많아 치료를 위해 본국인 미국으로 떠났다고 한다. 그래서 우리 철없는 여자 셋은 주방일에 매달려야 했다. 다른 선교지에서는 팀이 도착하기 전에 선교사 사모님이 정성껏 맛있는 한국 음식을 차려주셨는데, 케냐에서는 아쉽게도 남자 선교사님이 식사를 준비하라며 내놓으신 라면 몇 개가 전부였다. 그것도 감지덕지한 일이다.

그 눈물이 찬양이 되기까지

선교지에서는 라면 한 봉지 가지고서도 머릿속에서 치열한 싸움이 일어나기도 한다. 다행히 이곳은 선교사님께서 오랫동안 사역을 하신 곳이라 라면이라도 얻어먹을 수 있었다. 그것도 내일이면 없어지겠지만……. 나는 졸지에 이십여 명 되는 남자들의 밥순이가 되었다. 갓 변호사가 된 아가씨와 권사님, 그리고 어설픈 내가 주방장이 되어 라면을 끓여내, 우리는 모두 훌훌 거리며 맛있게 먹었다.

첫날 사역은 마을 어른들에게 말씀을 가르치고, 중간중간 찬양과 율동으로 분위기를 띄우자, 집회 분위기가 고조되었다. 다음 날에는 마당에 나가서 찬양하면서 열정적으로 예배를 드렸다. 춤 하면 아프리카 사람들 아닌가. 몸을 흔들기 시작하면 멈출 줄을 모른다. 나는 땀을 뻘뻘 흘리며 그들과 함께 신나게 찬양 율동을 했는데, 사실 율동이라기보다는 신나게 춤을 추었다고 표현하는 게 맞을 것이다.

찬양을 마친 후 서로를 끌어안으며 축복 기도를 하고, 순서에 따라 세족식을 하기 위해 발을 씻기려는데, 케냐 사람들은 곰 발바닥 같은 발이 부끄러워서인지 자꾸 발을 감추며 뒤로 빼고 있다. 케냐는 물이 부족한 나라이다 보니 세족식을 한다는 자체가 어불성설이다.

케냐의 마사이족은 물을 따라 소 떼를 끌고 이동한다. 그들은 지나가다가 우리가 즐겁게 찬양과 율동을 하는 것을 부러운 듯 구경하고 있었다. 나는 그들에게 손을 흔들며 함께 하자고 했지만, 그들은 여전히 무표정했다. 마사이족은 아프리카 동부 케냐와 탄자니아에 거

주하는 유목민족이다. 마사이어를 사용하고 있는데, 남성과 여성의 평균 키는 177㎝로 장신들이다.

마사이족은 이동할 때마다 울타리를 치고 임시로 소똥 집을 짓고 산다. 울타리 안에 집이 세 개가 있으면 부인이 세 명이고, 네 개가 있으면 부인이 네 명이다. 집마다 아이들이 두서너 명씩 딸려 있다. 여자들은 얼굴에 파리가 새까맣게 달라붙어 있는 아이들을 들쳐업고 들판에 나가서 나물을 뜯거나, 머리에 물동이를 이고 우물에 가서 물을 길어온다. 몸에서 나오는 물은 나쁜 것이 아니라 신성한 것이라는 생각으로 콧물에 파리가 새까맣게 끼어도 닦지 않는다. 아기들의 손이 끈적끈적하고 입에서 냄새가 나지만, 그것을 닦아주려고 해도 거절한다.

남자들은 하루 종일 앉아서 담배만 피고 있었다. 일행 선교사님이 왜 일을 하지 않느냐고 물었더니, 자기는 울타리 안에서 맹수들이 오는 것을 막는다고 했다. 그러나 맹수를 막기는커녕 여자가 보호해줘야 될 것 같은 체구여서 우리는 한참 웃었다. 우리 일행 목사님이 그에게 "한 남자에게 부인은 한 사람이어야 한다"고 했더니, 그는 왜 그래야 하는지 따지듯이 물었다.

소똥으로 지은 집 안은 칠흑같이 캄캄했다. 허리를 굽혀 들어가 보니, 작은 화로에 반딧불처럼 작은 불이 켜져 있고 아이들이 그 불을 뒤척이고 있었다. 마치 옛날 우리나라 조선 시대의 화로를 보는 것 같았다. 그들에게 예수를 가르친다는 것이 쉽지는 않았지만, 그래도 우리는 열심히 하나님 말씀을 전했다.

커다란 나무 그늘 아래에서 아이들을 옹기종기 모아놓고 말씀을 가르치고 찬송을 가르치며, 퀴즈를 잘 맞힌 어린이에게는 캔디를 나눠주는 것도 잊지 않았다. 아이들을 위에서 내려다보니, 빡빡 깎은 새카만 곱슬머리가 동글동글해서 꼭 새까만 콩자반 같았다. 그런데 케냐의 어른들이 자리에서 일어나는 아이들에게 앉으라고 커다란 막대기로 머리를 두들겨댔다. 그 모습을 보고 너무 가슴이 아파 그들에게 때리지 말라고 손짓했지만 그들은 웃으면서 괜찮다고 한다.

케냐에 오기 전까지 아프리카 아이들의 눈동자가 그렇게 맑고 아름다운지 몰랐다. 막상 와서 아이들을 보니 그 동공 속에 내가 빠질 것처럼 아름다운 것을 보고, 하나님은 참 공평하시다고 생각했다. 그들에게는 검은 피부 대신 아름다운 눈을 주셨다.

우리는 선교사님이 돌보고 있는 고아원을 방문했다. 에이즈 환자
인 부모들이 방치한 아이들을 모아서 고아원을 세우고 그 아이들을
키우고 계셨다. 이곳 아이들은 하나같이 모두 정결했고, 눈동자가 맑
았다. 똑같은 옷을 입혀놔서 그런지 누가 누군지 분간이 안 갔다.

그동안 얼마나 훈련을 잘 시켰는지, 아이들이 우리 앞에서 찬양과
율동을 하는데 마치 아기천사들이 하강한 것처럼 보였다. 몸을 앞뒤
로 흔들며 박자에 맞춰 손뼉을 치면서 한국말로 "예수 사랑하심은 거
룩하신 말일세", "여호와는 나의 목자시니…"를 부르는데, 나무토막

그 눈물이 찬양이 되기까지

과 물병을 두들기며 박자를 맞추어 완벽한 오케스트라를 만들었다.

우리는 케냐의 초등학교를 돌아보며, 아이들과 그림 퀴즈를 하며 즐거운 시간을 보냈다. 오바마 대통령의 아버지가 케냐 사람인 만큼, 케냐 어린이들에게 있어서 오바마 대통령은 그들의 최고의 자랑이자

닮고 싶은 로망이었다. 열정이 넘치는 예배를 드린 후, 아이들에게 꿈을 물어보니 대부분 오바마 대통령처럼 대통령이 되고 싶단다. 어떤 아이들은 비행기 조종사가 되겠다고 한다. "울렁울렁 울릉도에서는 기차는 못 봐도 비행기는 자주 본다"는 한국 노랫말처럼, 케냐의

어린이들은 비행기는 많이 보며 자라서 그런지 비행사가 되고 싶다는 아이들도 많이 있었다.

우리는 두 사람씩 짝을 지어 밀가루 포대를 가지고 동네를 돌았다. 골목길은 질퍽질퍽하고 조그만 구멍가게도 보였다. 이곳은 1960년대, 아니 1950년대 한국의 풍경과 비슷하다는 느낌이었다. 케냐는 영국 식민지였기 때문에 영어를 쓰는 사람이 많았다.

집이라고 해봐야 벽돌에 시멘트를 발라서 벽으로 삼고, 문 쪽은 커튼을 달았다. 커튼을 젖히고 들어갔더니, 작은 탁자 앞에서 아기를 안고 있는 아낙네가 우리를 반겨주었다. 케냐에서는 음식에 바나나를 많이 사용한다. 그들은 바나나를 쪄서 먹기도 하고 튀겨서 먹기도

그 눈물이 찬양이 되기까지

한다. 또, 흰쌀밥 같은 것이 있는데, 사실 아무 맛도 나지 않는다.

밀가루 포대를 집 앞에 내려놓고, "예수님이 누군지를 아냐?"고 물었더니, 사람들은 모두 예수님이 누군지 안다고 했다. 그러나 제대로 알지는 못하는 것 같았다. 우리는 "예수님은 우리의 구원자시며 우리의 죄를 구속하기 위해 이 땅에 오셨다"고 열심히 복음을 전했다. 예수를 영접해야 천국에 갈 수 있다고 했지만, 그들은 밀가루 포대에 더 관심이 있는 듯 보였다. 밀가루 포대 하나로 그들의 표정은 마냥 행복했다.

이슬람 세력이 케냐를 지배한다고 하지만, 우리 선교사님들이 계신 곳에는 그들이 얼씬도 하지 않는다. 아프리카 사람들은 한국인도 백인처럼 생각하고 신기한 듯 우리 팔을 자꾸 만져본다. 헤어지기 전에 독사진을 찍어서 나눠 주었다. 아프리카 사람들은 사진을 하얗게 만들어줘야 잘 나왔다고 좋아한다. 때로는 너무 하얗게 만들어 놔서 본인 같지도 않은데, 그래도 잘 나왔다고 좋아한다. 그 모습에 우리의 마음도 행복하고 기뻤다. 케냐에서도 주님의 사랑으로 우리 안에는 주는 기쁨과 받는 기쁨이 넘쳤다.

"누구든지 자기 목숨을 구원하고자 하면 잃을 것이요
누구든지 나와 복음을 위하여 자기 목숨을 잃으면
구원하리라"(막 8:35)

46 탄자니아
"선교는 기도, 선교는 전쟁, 선교는 순종"

동아프리카의 탄자니아는 1961년에 독립한 탕가니카와 1963년에 독립한 잔지바르가 1964년에 통합해서 생긴 나라이다. 수도는 도도마인데, 최대 도시인 다르에스살람이 실질적인 수도 역할을 한다고 알려졌다. 탄자니아는 기독교와 이슬람교와 토속종교를 믿는 사람들이 비슷하다. 탄자니아에는 그 유명한 킬리만자로산이 있다.

드디어 기다리던 탄자니아 선교사 사모님이 우리를 데리러 케냐로 오셔서 우리는 신이 났다. 탄자니아에 도착하면 사모님이 야무진 솜씨로 한국음식을 해 주실 거라고 생각하니 저절로 기대되었다. 하지만 아무리 솜씨가 좋으면 뭐하나? 재료가 있어야지…

탄자니아로 가는 길에 우리는 케냐에서 사파리를 구경했지만, 호랑이나 사자는 못 보고 얼룩말만 잔뜩 보았다. 어차피 아프리카에는 호랑이가 없단다. 우리는 두 대의 자동차에 몸을 싣고 네다섯 시간 달려서 탄자니아로 들어갔다.

케냐 선교사님이 어린이 중심의 선교사역을 한다면, 탄자니아 선교사님은 어른 중심의 사역을 하신다. 탄자니아 선교사님은 우간다

그 눈물이 찬양이 되기까지

에 신학교를 세워서 그곳에서 많은 신학생을 배출하셨다. 그리고 계속해서 개척 교회를 세워 나가신다. 교회를 세울 돈이 없으면 무조건 부르짖어 기도한단다. 그러면 반드시 하나님이 들어주신다고 한다. 선교 기금을 충당할 사람은 선교사를 파송한 본 교회의 교인들이 아니겠는가. 그러므로 선교사를 파송한 교인들은 모두가 보내는 선교사이다. 선교지에서 하나님의 일은 그렇게 이루어진다고 한다.

"너는 내게 부르짖으라 내가 네게 응답하겠고 네가 알지 못하는 크고 은밀한 일을 네게 보이리라"(렘 33:3)

탄자니아에서 교회 사역을 하려면 반드시 교단에 소속돼 있어야 한다. 그렇지 않으면 경찰이 그냥 잡아간다고 한다. 그런데 아프리카 사람들은 목사가 되면 자부심이 대단해져 목이 곧아진다고 한다. 자기가 굉장한 사람이 된 줄 알고 오만해지기도 한다. 선교사님을 배신하는 경우도 많다고 한다. 처음부터 하나님의 말씀인 기초를 잘 가르쳐야 아름다운 열매를 맺을 수 있다.

아무리 무서운 광풍이 불어도 주님께 기도하면 모든 것을 견딜 수 있다고 한다. "선교는 기도, 선교는 전쟁, 선교는 순종"이라는 모토로 하나님만 붙들고 나가면 승리의 길을 열어주신다는 것이다.

탄자니아는 영국 지배 아래 있었기 때문에 영어를 사용하므로 선교하기가 한결 쉬웠다. 우리는 선교사님들과 현지 목사님들과 함께 손에 손을 잡고 목이 터져라 하나님께 부르짖고 예배를 드린 후 돌아왔다.

"그런즉 너희는 먼저 그의 나라와 그의 의를 구하라 그리하면
이 모든 것을 너희에게 더하시리라"(마 6:33)

47 _바티칸

바티칸은 남유럽에 위치한 도시국가이자 이탈리아 로마시에 둘러싸인 내륙국으로, 세계에서 가장 작은 극 초미니 국가이다. 교황이 국가원수이다. 비록 이탈리아의 로마에 둘러싸인 형태로 존재하지만, 이탈리아와는 다른 나라로서 갖출 건 다 갖춘 엄연한 독립국이다. 특히 로마 가톨릭의 위상을 생각하면 국가 규모에 비해 세계적으로 미치는 영향은 엄청나다. 1984년 국가 전체가 유네스코 세계유산으로 지정되었다.

바티칸의 성 베드로 대성당은 초대 교황인 베드로의 무덤 위에 세워졌다. 성 베드로 성당 안에 들어서자, 입구부터 줄지어 있는 조각상들을 보고 놀라 눈이 휘둥그레졌다. 성모 마리아가 죽은 그리스도를 안고 있는 애절한 모습을 보여주는 미켈란젤로의 작품 "피에타"와 청동으로 만들어진 왼손에 천국 열쇠를 쥐고 있는 베드로의 동상을 비롯해서 즐비한 그림들과 조각들이 놀라웠다.

얼마나 잘 만들어 놓았는지, 실물인지 조각인지 구분이 안 될 정도였다. 사람의 등짝과 팔뚝, 울퉁불퉁한 복근까지 너무나 세밀하게 묘사돼서, 만지면 움직일 것 같아서 얼른 손을 떼야 할 것 같았다. 화려한 문양으로 가득 찬 천장화는 여인들의 치마나 화관이 진짜 금처럼 반짝반짝 빛났다. 그 모습에 입이 벌어지고, 감탄이 절로 나왔다.

라파엘 방에서 본 "아테네 학당"이라는 그림도 흥미로웠다. 그리스의 유명한 학자들이 묘사됐는데, 플라톤과 아리스토텔레스도 그들 중에 있다. 라파엘은 자신을 그 속에 포함시켜 놓기도 했다.

시스티나 성당은 바티칸 박물관에서 관람객들이 가장 많이 붐비는 곳이다. 성당 중앙의 제단 벽에는 "최후의 심판"이, 천장에는 "천지창조"가 그려져 있다. 페르시아 통치 당시 이스라엘을 전멸시키려 했던 하만이 이 그림에서 황금빛 옷이 벗겨진 채 뒤틀린 나무에 못 박혀 죽임을 당한 모습이 흥미로웠다. 또 에스더 왕비가 삼촌 모르드개의 부탁으로 "죽으면 죽으리라"하고 왕에게 나아가 자기 민족 이스라엘을 살린 이야기도 그려져 있다.

미켈란젤로는 교황 율리우스 2세를 지옥불에서 고통받는 모습으로 그려 넣었는데, 교황은 나중에 이 그림을 고치라고 했지만, 미켈란젤로는 끝까지 자신의 소견대로 그림을 완성했다고 한다.

미켈란젤로의 "천지창조"는 그 웅장함이 사람의 작품이라기보다는 차라리 신과의 합작 같았다. 미켈란젤로는 천장화를 그리느라 4년

그 눈물이 찬양이 되기까지

동안 목과 눈에 이상이 생겼고, 신고 있던 장화는 벗겨지지 않아서 발에서 벗겨내느라 애를 썼다고 한다. 이 천재 화가가 그림을 그리다 완성도 되기 전에 죽지 않은 것이 신의 은총이라고 생각된다. 미켈란젤로의 이 그림은 세상 사람들을 그리스도께 돌아오게 만드는 복음 전파의 도구이다. 그런 의미에서 미켈란젤로야말로 세계적인 선교사가 아닐까.

로마는 전 세계인의 로망이라 할 만큼 서양 문화의 기원지이자, 여전히 사람들을 매혹하는 이천 년 전 건물들이 그대로 남아 있어, 과거와 현재가 공존하는 도시이다. 다양한 시대의 건축물과 예술품들이 함께 존재한다. 판테온은 아그리파가 지은 건축물이며, 로마의 영광을 보여주는 거대한 원형 경기장 콜로세움은 검투사의 혈흔을 간직한 곳이다. 역사책에서 배운 그리스·로마 시대 유적지의 흔적들을 지닌 로마는 아무리 많은 시간이 흘러도 여전히 세계 각지의 사람들을 불러 모으는 역사적인 관광지이다.

특히 기독교인이라면 가볼 만한 곳은 카타콤베라는 로마에서 가장 오래된 지하 묘지이다. 초기 기독교인들이 믿음을 지키기 위해 숨어 지내던 이곳을 들어가 보니 지하의 좁은 통로에 묘지들이 좌우로 가득했다. 컴컴한 굴속에서 길을 잃지 않으려고 사람들은 끈과 끈을 연결해서 들어갔다.

기독교인들은 이 지하에서 애를 낳고 생활하며 죽으면 그곳에 묻혔다. 어떻게 이런 곳에서 살았을지…, 믿음의 선진들의 신앙은 정말 대단하다고 느껴졌다. 예수님을 얼마나 사랑했으면 허리도 제대로 펼 수 없는 이 굴속에서 밖으로 나오지 않고 평생을 살다가 죽었을까? 먹을 것은 어떻게 조달했을까? 대소변은 어떻게 처리했을까? 등의 여러 가지 의문 속에서 동굴을 빠져나왔다.

그 눈물이 찬양이 되기까지

지하동굴에서 나와서 밖을 둘러보니, 아이러니하게도 맞은편은 콜로세움이 보이는 도시 한복판이었다. 로마의 심장 한복판에 세워진 이 콜로세움은 로마 사람들의 민심을 잡기 위해 지어졌다고 한다. 그곳에서 황제와 귀족들이 공연을 즐기고, 검투사들의 경기를 관람했다. 카타콤에서 지상으로 올라오면 바로 보이는 이 콜로세움 아래에서 크리스천들은 숨어 살았다. 그들에 비하면 우리는 너무나 편안하게 신앙생활을 하면서도 불평불만 하면서 살아간다.

이탈리아 시골길을 버스를 타고 가는데, 저 멀리에 뾰족하고도 아름다운 하얀 대리석, 빨간 대리석, 초록색 대리석 산이 솟아 있다. 나는 감탄하며 미켈란젤로 같은 예술가가 저 아름다운 대리석들을 채석해서 이렇게 멋진 작품들이 만들었구나 생각하였다.

천지를 창조하신 하나님과 십자가에 달려 돌아가신 예수님과 그분의 삶과 이야기와 메시지들을 형상화한 수많은 기독교의 명화들 속에서 다시금 우리의 옷깃을 여미게 하는 바티칸에서 나는 또 한 사람의 선교사 미켈란젤로를 만나고 돌아왔다.

"만군의 여호와가 이같이 말하노라 보라, 내가 내 백성을 해가 뜨는 땅과 해가 지는 땅에서부터 구원하여 내고 인도하여다가 예루살렘 가운데에 거주하게 하리니 그들은 내 백성이 되고 나는 진리와 공의로 그들의 하나님이 되리라"(슥 8:7~8)

48 _ 이스라엘
전쟁의 땅 성지로 들어가다

성경에서만 보았던 이스라엘, 예수님이 태어나시고 사역하시고 부활하신 그 땅을 내가 밟고 있다는 사실이 너무 감격스러웠다. 사막지대로만 알고 있던 이스라엘은 돌, 돌, 돌로 가득했다. 예루살렘에 가는 길도 사방을 둘러봐도 돌로 만들어진 언덕과 골짜기뿐이었다. 거대한 장벽도 돌이며, 집도 돌이며, 옛 성터 역시 돌무더기뿐이다. 예수님이 가버나움에서 병자들을 치유하고 가르치며 복음을 전파했다고 전해지는 그 길도 돌들뿐이다.

성경 말씀에서 돌에 관한 비유가 많이 등장하는 이유를 알게 되었다. 그 돌길을 발가락이 다 드러나 보이는 샌들을 신고 예수님은 제자들과 함께 이 길을 걸어 다니셨다. 때로는 돌에 부딪혀 피멍이 들고, 낙타 발바닥처럼 거칠어진 예수님과 제자들의 발바닥을 상상하면서, 제자들의 발을 씻기셨던 주님의 모습이 떠올랐다. 마음이 숙연해지며 눈물이 앞을 가렸다.

갈릴리 호수 언덕 위에 세워진 팔각형의 팔복교회에서 아래를 내

려다보는데, 이곳에서 하신 예수님의 산상수훈이 그대로 들려오는 듯했다. 산 위에서 설교하시는 예수님 주위에 모여들어, 바리새인들이나 율법학자들에게서는 들어 보지도 못한 새로운 말씀을 듣고 놀라면서 복 있는 자가 되려고 노력해야겠다고 다짐하는 사람들의 모습이 그려졌다.

러시아에서 공산주의 체제가 무너지면서 개방의 문이 열리기 시작했을 때, 많은 선교사가 그곳에 들어가 복음을 전파했다. 하나님은 요셉을 미리 애굽으로 보내 애굽 사람들과 이스라엘 사람들을 기근에서 구원하셨듯이 놀랍게도 수많은 유대인을 러시아로 보내 그곳에서 예수를 믿게 하셨다. 이스라엘의 개신교인들은 대부분 러시아에서 살다 온 유대인으로, 정통 유대인들에게 여전히 괄시를 받으며 살아가고 있다. 러시아 유대인들을 통해 이스라엘 본토에 사는 유대인들에게 복음을 전하겠다는 하나님의 계획은 놀랍기만 했다. 그들을 통해서 유대인들에게 전도할 수 있는 물꼬를 터 주신 것이다. 이스라엘이 커다란 선교지임을 다시금 깨달았다.

전통 유대인들은 여전히 통곡의 성벽 앞에 서서 고개를 끄덕이며 모세오경을 외우며 메시아의 오심을 기다리고 있다. 랍비들은 검은 모자를 쓰고 구레나룻을 귀밑까지 기르며 검은 양복을 입고 서쪽 성벽 앞에서 기도를 드린다. 유대인들은 소원을 써서 성벽 틈에 끼워 놓는다. 로마의 타이터스 장군이 주후 70년에 예루살렘을 함락하면서 성전을 불태우고 파괴했는데 그때 파괴에서 남은 서쪽 벽이 바로 이 통곡의 벽이다.

그들의 대표적인 음식은 무교절에 먹는 누룩 없는 빵과 함께 휴머스(Hummus)를 찍어 먹는 것이다. 말린 병아리콩, 타히니, 큐민파우더, 레몬주스, 소금, 마늘로 만드는 휴머스의 종류는 참 많은데, 중동 사람들이 즐겨 찍어 먹는 소스 같은 것이다. 또한 병아리콩으로 만든 팔라펠(Falafel)은 보기에는 고로케처럼 생겼으나 내 입맛으로는 영 별로였다.

우리는 텔아비브의 한 장소를 빌려 유대인들에게 예수님을 열심히 전하며 촛불을 밝히고 포옹하며 율동과 찬양을 했다. 성령의 임재 아래서 기쁨의 눈물과 콧물을 흘리며 하나님을 찬양했다. 영적 기쁨과 자유를 갈망하던 그들은 연신 할렐루야를 외치며 우리 팀을 반겨주었다. 마치 러시아에서 함께 기도하며 찬양하던 그때가 그리웠던 것처럼, 그들은 얼굴을 비비며 환영해 주었다.

많은 은혜를 받고 밖에 나와 건물을 돌며 찬양하는데, 우리가 방금 예배드리고 나온 곳에서 아랍식 축제가 열리고 있었다. 그 건물을 금방 아랍인들에게 빌려준 것이다. 돈 되는 일이면 누구에게든 상관없이 건물을 빌려주는 어처구니없는 광경을 보았다. 그러나 선교는 실패가 없다. '선교하지 않는 것'이 실패라고 생각한다.

이스라엘 건물에는 엘리베이터가 두 대씩 있다. 하나는 외국인용이고, 다른 하나는 유대인들 용이다. 안식일에는 벨을 누르는 행위도 노동으로 간주하기 때문에, 유대인용 엘리베이터를 타야 자동으로 올라갔다 내려갔다 하며 혼자서 이동한다.

금요일 저녁 5시가 되면 갑자기 사이렌이 울리고, 순식간에 사람들이 사라진다. 학생 랍비들이 돌아다니면서 운전 중인 사람들에게도 차 문을 닫으라고 한다. 그날은 안식일을 지키는 날이다. 아직도 율법주의에 빠진 그들을 보며, 하나님이 과연 그런 행위를 원했을까 하는 의문이 들기도 했다. 그럼에도 불구하고 하나님은 그들을 향해 "내가 너를 지명하여 불렀나니 너는 내 것이라"(사 43:1-4) 하셨다.

하나님은 이스라엘 민족을 선택하여 젖과 꿀이 흐르는 가나안 땅으로 보내셨다. 하지만 가나안 땅에는 이미 팔레스타인 사람들이 살고 있었다. 그래서 그들의 전쟁은 끝이 보이지 않는다. 팔레스타인은 작은 땅처럼 보이지만 그곳을 점령한 이스라엘은 큰 나라다.

이스라엘을 쳐들어온 골리앗을 때려죽인 17살 다윗은 블레셋으로부터 나라를 구한 위대한 사람이고, 거인 골리앗은 작은 사람이다. 지금까지 노벨상을 가장 많이 받은 사람들이 유대인들이다. 예수님의 후예답다는 생각이 든다.

나의 큰사위가 독일계 유대인이다. 그의 외삼촌이 노벨상을 탔고 2017년에는 작은 아버지가 노벨 화학상을 받았다. 나로서는 자랑스럽고 영광이었다. 나의 막내 사위도 전통 유대인이다. 크리스마스 시즌이되면 그들은 온 식구가 식탁에 둘러앉아 하누카를 기념한다. 하누카는 12월 10일 저녁 해질 때부터 18일 해질때까지 8일 동안 지키는 성탄절과 거의 겹치는 명절이다.

하누카 전통에 따라서 9개의 촛대에 매일 팔일동안 불을 붙이고 선물을 교환한다. 할아버지(나의 사돈)는 손자·손녀들을 둘러 앉혀 놓고 시리아 제국인 타이투스 장군을 무찌르고 마카비 형제가 예루살렘 성전을 탈환한 무용담을 이야기해 준다. 우리 손녀들은 그 뜻을 아는지 모르는지 예~ 하면서 손을 높이들고 환호성을 올려 모두가 웃음바다가 된다.

49 창살 없는 감옥 팔레스타인 찬양 선교

베들레헴 예수탄생교회 앞 광장에서 전 세계 합창단들이 모여 찬양하는 축제에 참가하기 위해 미주 지역의 성도들이 에버라스팅 합창단을 만들어 동참했다. 그리고 가는 곳마다 길거리나 요르단강 앞 계단에서 찬양했기 때문에 우리는 많은 사람의 눈길을 끌었다. 그런데 나는 운좋게 그 계단에서 반짝이는 '다이아'를 주웠다. 그래서 우리를 이끄느라 애쓰신 목사님 사모님을 드렸다. 그것은 보통 '다이아'가 아니고 하나님이 내게 주신 선물이란 생각이 들었다.

그리고 우리는 예수님께서 십자가를 지고 걸어가신 '비아 돌로로사'언덕으로 순례 길을 갔다. 그때 팔레스타인에서 사역하시는 강태윤 선교사님이 발런티어가 있으면 나와서 십자가를 지어보라고 하셨다. 나는 처음에 여자라서 감히 생각도 못 했는데 남들이 눈치를 보고 있는 동안 감동이 와서 순간적으로 손을 번쩍 들었다. 담대하게 십자가를 등에 지고 골고다 '비아 돌로로사' 거리를 올라가는데, 감격의 눈물이 마르지 않았다. 순간의 선택이 큰 추억과 영광을 가져다주었다.

비아 돌로로사로 가는 그 길은 아랍 장사꾼들이 기념품을 파는 거리로 변해, 극성스럽게 관광객들에게 호객행위를 하고 있었다. 예수님 당시는 십자가를 지고 가시는 그분을 조롱하는 무리가 저주하고 모욕하는 가운데, 십자가를 지고 묵묵히 그 언덕을 올라가셨을 예수님을 묵상하며 올라갔다.

거룩한 성지가 회복되어야 할 그 땅에는 온통 총부리를 들이대고 있는 유대 군인뿐이다. 그곳은 평화가 없는 땅이 되어버렸다. 이백 년 동안의 십자군 전쟁으로 평화는커녕, 이스라엘과 팔레스타인 사람들이 서로 자기들의 성지라고 우겨댄다. 예루살렘에는 유대인들이 통곡의 벽에서 고개를 끄덕이며 통곡하며 아직도 메시아를 기다리고, 이슬람인들은 오마르 사원에서 기도하고, 아랍거지들은 한 손에 핸드폰을 들고 다른 손으로는 구걸하고 있다. 혼돈의 세계를 보고 온 듯한 느낌이었다.

우리는 팔레스타인 자치지구인 베들레헴에서 최초의 여성 시장이

그 눈물이 찬양이 되기까지

된 베라 바분^{Vera Baboun}을 만났다. 정치인답지 않게 단아한 외모를 갖춘 아리따운 여성이었다. 그녀는 시종일관 미소를 띠며 이스라엘과 팔레스타인의 관계를 설명해 주며 말하였다.

"우리도 하나님을 믿는다. 우리의 투쟁은 살아남기 위한 투쟁이다. 베들레헴 시장이 되려면 크리스천이어야 한다. 그만큼 크리스천들이 많이 오는 곳이다."

그녀는 황금률이 무엇인지 아냐고 하면서 마태복음 7장 12절에서 "너희가 대접을 받고자 하는 대로 너희도 남을 대접하라 이것이 율법이요 선지자니라"고 하지 않았냐고 거의 하소연하듯 호소했다.

"그런데 저 거대한 장벽이 무엇이냐? 베들레헴은 정치적, 종교적 이유로 큰 장벽 속에 갇혀 있다. 창살 없는 감옥에서 생필품조차 구하기 힘들다. 우리 팔레스타인 사람들 중에는 저 장벽을 한 번 나가 보지도 못하고 베들레헴에 갇혀서 가난과 기근으로 허덕이는 사람이 많다"고 연설하는데 눈물이 나오는 걸 참을 수가 없었다.

조그만 나라 대한민국에서 온 우리가 뭐라고^{정확히 말하면, 미국에서 온 한국인들} 우리를 초청한 여 시장의 하소연이 담긴 연설은 우리의 심금을 울렸다. 그녀는 그들의 딱한 사정을 세계에 알리고 싶었던 것 같았다.

기독교 최고의 성지인 베들레헴은 팔레스타인 자치구에 속해 있다. 의외로 팔레스타인 안에도 기독교인이 많았다. 팔레스타인의 기독교인들은 믿음, 소망, 사랑 안에서 평화를 외친다. 그들은 "편견을 갖지 말고 와서 보라!"고 외친다.

 "우리는 전 세계 교회를 향해 와서 현실을 보라고 호소한다. 우리는 여러분을 사랑과 화해와 평화의 메시지를 전하는 순례자로 생각한다. 이 땅에 사는 이스라엘과 팔레스타인 사람들의 삶의 실체를 꼭 전해 주길 원한다"라고 그녀가 외치는 것 같았다.

 거룩한 성 예루살렘에 복음이 전해져야 주님이 오신다고 믿는 기독교인들을 어떻게 받아들일지 딜레마에 빠지게 된다. 성경의 예언적 성취로 보아야 할 것인가? 예수님의 피 흘림으로 이방인까지 구원하신 구속사 속의 한 과정으로 보아야 할까?

 바울을 이방인을 위한 그릇으로 사용하신 이유는 무엇인가? 왜 예루살렘만이 거룩한 땅이어야 하는가? 이 세계, 이 땅 모두가 하나님의 땅이니 모든 땅, 모든 세계가 거룩한 것이 아닌가? 하나님은 이스마엘에게도 축복과 약속을 주셨다.

 나는 역사를, 아니 현실을 바로 알아야겠다는 생각이 들었다. 성지순례를 하다 보면 가장 먼저 눈에 띄는 것이 이슬람 사원인 황금 돔이다. 구리와 황금으로 만들어져 태양이 비출 때마다 황금빛으로 아름답게 반사되는 이곳은 아브라함이 이삭을 제물로 바치려 했던 곳이고, 솔로몬 성전의 지성소가 있었던 곳이다. 아랍인에게는 최고의 선지자 모하메드가 승천한, 그의 발자국이 남아 있는 바위를 기념하고 보존하고 있는 곳이다. 이곳은 아랍 측 영토로서 유대인들의 출입이 금지되어 있다. 그러니 이곳이 분쟁의 중심지가 된 것이다.

그 눈물이 찬양이 되기까지

도시는 온통 거대한 회색빛 담으로 둘러싸여 있다. 이스라엘이 팔레스타인을 견제하기 위해 만든 벽이다. 팔레스타인 사람들은 이처럼 거대한 도시 감옥에 갇혀 살아가고 있다. 팔레스타인 장벽에 적힌 자유를 갈망하는 낙서들이 그들의 현실을 대변한다. 외로운 외침을 대신하는 것이다. 이스라엘 정부의 허가 없이는 외부로 나갈 수도 없어서 한 번도 외부로 나가본 적이 없는 사람이 많다고 한다.

그런데 나는 우리의 찬양 선교가 이렇게 놀라운 효과를 볼 줄은 몰랐다. 역시 찬양은 세계적인 언어이다. 찬양 팀 사십여 명이 가는 곳마다 그곳의 문화에 맞춰서 그들을 위로하는 찬양을 하니, 사람들이 발길을 멈추고 박수갈채가 쏟아져 나왔다. 언어는 달라도 멜로디가 같으니 누구나 쉽게 알아듣는다. 특별히 히브리 노예들의 합창에서 "나부꼬"를 찬양할 때는 지나가는 사람들도 함께 따라 불렀다.

우리는 나사렛의 마리아 수태고지 교회, 성요셉 교회, 베데스다 연 못, 혼인 잔치에서 예수님께서 물을 포도주로 바꾸신 기적이 일어났 던 가나를 돌면서 찬양했다. 갈릴리 호수에서 배를 탔는데, 한국 관광 객들이 얼마나 많은지 배에 태극기를 게양하고 애국가가 흘러나왔다. 그 모습이 감개무량했지만, 그들의 상술에 웃음이 나오기도 했다.

호수의 색깔은 짙은 청록색으로 파라다이스를 연상케 했다. 고기 를 잡던 베드로와 안드레, 야고보, 요한을 부르시어 사람을 낚는 어 부가 되게 하리라고 말씀했던 바로 그 장소라고 생각하니 감동이 밀 려왔다. 그곳에서 그물을 깁고 있는 나를 상상해 보니, "주님, 나를 불러주소서"라는 기도가 나왔다.

이스라엘의 젖줄인 갈릴리 호수에서도 우리는 마음껏 찬양했다. 소위 "베드로 물고기"를 파는 음식점은 사람들로 문전성시였다.

베드로 물고기는 그냥 조기같이 생겼 는데, 진짜 베드로가 잡은 고기와 같은 것은 아니라는 것을 알면서도 사람들은 줄을 서서 그 고기를 맛보며 즐거워했다.

한 아리따운 서양 아가씨에게 어디서 왔냐고 물으니, "이곳 팔레스타인에서 왔 어요"라고 한국말로 대답했다. 그녀가 정확하게 한국말을 구시하는 것에 놀라서 "한국말을 어떻게 배웠어 요?"라고 물었더니, "한국에 너무 가고 싶어서 혼자 배웠어요"라고 답했다. 한국의 위상이 이 정도인가 하고 놀라지 않을 수 없었다.

그 눈물이 찬양이 되기까지

독일에 갔을 때는 독일 사람들이 한복을 입고 일본식으로 지어놓은 정자에서 찻잔을 따르는 것을 보고 우리 일행은 웃으며 한국 정자는 저쪽이라고 친절히 가르쳐주며 안내한 적이 있었다.

한국을 알기를 갈망하는 서양인들에게도 많은 홍보가 필요하다는 것을 느꼈다. 그러니 예수님을 알고 싶어하는 사람들이 얼마나 많을까? 우리는 더 열심히 선교를 해야겠다.

각각의 다양한 인종이 한마음으로 성지를 순례하는 것을 보면서 각기 다른 색깔이 이스라엘 들판에 아름답게 흩뿌려진 듯한 느낌을 받았다.

우리 찬양팀과 함께한 8명의 목사님은 가는 곳마다 말씀을 전해주셨다. 그분들이 전한 말씀에서 하나님의 사랑과 은혜가 넘쳐흘렀다. 특히 강태윤 선교사님은 성경에 나오는 보아스 땅을 사들여 건물을 세우고, 한국문화원을 세우고, 이 문화원에서 교회, 학교, 태권도장 등 다양한 문화 사업을 이끌어갈 계획을 하고 계셨다.

건물은 거의 완공되었으며, 그 거리의 이름이 시에서 공식적으로 통과되어 첫 번째 외국 거리로 지정되었다고 한다. 그 이름은 "한팔(Han-Pal) 우정의 길"이다. 한 사람의 힘으로 이렇게 놀라운 일이 일어난 것이다. 하나님의 개입 없이는 일어날 수 없는 일이었다.

우리 찬양팀이 이스라엘을 다녀온 후, 결국 가자 지구에서 사건이 발생했다. 끝이 보이지 않는 이 전쟁은 이제 시작에 불과할 것이다. "평화의 마을"이라는 뜻을 가진 예루살렘은 "평화"를 뜻하는 살롬과

11부 바티칸과 이스라엘 순례

는 상관없는, 서로에게 총부리를 겨누는 삼엄한 땅이 되어버렸다.

"주님! 땅끝이 어디입니까?"

예루살렘에서 주 예수님이 메시아이심을 노래하고, 우리의 찬양이 이스라엘 사람들의 마음을 울려서 그들이 예수님을 받아들이기를 기도한다.

그리고 크리스천이 된 이스라엘 사람들이 전 세계 사람들과 함께 시온산으로 올라가면서 십자가에 달리신 예수님의 죽음으로 우리를 죄에서 구하시고 영생을 얻게 하신 하나님을 찬양하는 날이 반드시 오리라 고대한다.

"형제들아 내 마음에 원하는 바와 하나님께 구하는 바는 이스라엘을 위함이니 곧 그들로 구원을 받게 함이라"(롬 10:1)

<u>50</u> 하나님이 내게 주신 메시아 솔리스트 앙상블

나는 에버라스팅 합창단을 통해 이스라엘에서 받은 찬양 선교의 은혜를 잊을 수가 없다. 예루살렘 골목마다 울려 퍼지던 찬양과 갈릴리 호수에서의 감격스러운 성찬식! 나는 그 감격에 한없이 울었다. 그것은 단순한 눈물이 아닌 살아계신 하나님의 임재가 있는 자리였고 찬양이 곧 선교라는 사실을 깊이 깨닫는 은혜의 시간이었다.

그 땅에서 부른 찬양은 단순한 음악이 아니었다. 나는 성경 속 말씀이 살아 움직이는 현장에서 하나님께서 우리의 찬양을 통해 일하신다는 것을 깊이 경험했다.

드디어 크리스마스 전야제에서 베들레헴에 있는 예수님 탄생 교회에서 박수갈채를 받으며 무대에 올라 맘껏 찬양했다.

we wish your merry Christmas!

그런데 이 기쁜 날에 막상 모든 걸 주관하시고 우리를 여기까지 이끌어 주신 이백호 목사님이 몸과 마음이 아파서 함께하지 못한 아쉬

움이 있었다. 다행히 함께 리더로 가셨던 조헌영 목사님에 의해 합창
단은 은혜스럽게 잘 마치고 돌아왔다. 나는 에버라스팅 합창단이 계
속해서 하나님께 영광을 돌리는 합창단이 되기를 바랐지만 다 흩어
지고 말았다. 그리고 팬데믹을 맞아 끊임없이 다니던 선교도 멈추게
되었다. 그때 마침 하나님께서 내게 성악가들을 보내주어 새로운 사
명을 주셨다.

팬데믹으로 세상이 멈추었을 때 성악가들은 일어났다. 나는 재정
이 없어서 한 번으로 끝날 찬양팀을 이끌고 라스베이거스를 다녀왔
다. 그후 나는 성령에 이끌리어 사비를 들여 앙상블의 이사장 자리를
맡았다. 성악가들은 대부분 물질과 시간을 들여서 이태리나 독일 또
는 미국에서 유학하며 꿈을 키운 사람들이다. 젊은 날에는 나름대로
악단에 소속되어 활동을 했지만 막상 결혼해서 사회에 나와 보니 마
땅히 설 장소가 없어 꿈속에서 무대를 누비며 노래한다고 한다.

음악을 전공했음에도 불구하고 오랫동안 무대와는 거리가 먼 삶
을 살고 있는 분을 만나게 되었다. 그 집사님 역시 마음은 무대를 향
해서 꿈을 펼치고 있지만 현실은 불러주는 곳이 없어 엉뚱한 데서 허
드렛일하며 생업에 종사해야 했다. 하나님께서 "저 사람을 세워라."
말씀하시는 것 같았다.

처음부터 그가 나를 감동시킨 것은 음악의 재능이 아니라 그의 겸
손과 섬김이었다. 그때부터 그는 단장으로 메시아 솔리스트 앙상블

그 눈물이 찬양이 되기까지

을 이끌고 크리스마스와 부활절에 교회마다 다니며 메시아 공연으로 하나님을 찬양했다.

많은 성악가들이 무대를 꿈꾸며 수고하지만 현실은 녹록지 않다. 어둡고 답답한 시대 속에서 메시아 찬양은 사람들에게 큰 위로와 소망이 되었고, 설 자리를 찾은 성악가들은 활기를 되찾았고 기쁨이 충만해졌다.

그들은 무대에 서는 꿈을 꾸고 있는 사람들이다. 나 또한 이들을 섬기는 일이 얼마나 행복한지, 물질과 상관없이 그들에게 더 많은 무대를 만들어주고 싶어 최선을 다했다. 팬데믹 때문에 선교를 못 나가 안타까워하는 나에게 하나님이 주신 또 다른 사명이었다.

무대 위에 울려 퍼진 선포는 단순한 음악이 아니라 메시아의 생명을 전하는 도구였다. 이렇게 메시아 솔리스트 앙상블을 통해 많은 은혜를 받았다. 그러나 후원을 받기 시작하면서 은혜가 충만해지니 사단의 유혹이 시작되었다.

하나님께서는 "이 백성은 찬양받기 위해서 나를 위해 지었나니"라고 말씀하셨는데 사단은 하나님이 기뻐하시는 찬양단을 먼저 공격했다. 박수 갈채를 받으며 하나님께 영광 올리던 메시아 솔리스트 앙상블은 초심을 잃은 연약한 인간의 욕심 때문에 잠시 멈출 수밖에 없었다. 그 사건으로 마음이 많이 아팠지만, 그 일을 통해 중요한 사실을 다시금 깨달았다.

"사람은 믿음의 대상이 아니다. 오직 하나님만 믿고 의지해야 한다."

그 눈물이 찬양이 되기까지

하나님의 일은 사람이 세우는 무대가 아니라 하나님께서 세우는 제단이 되어야 한다. 이제 나의 소망은 우리 앙상블이 "캘리포니아 솔리스트 앙상블"로 새롭게 태어나 우리의 찬양이 백악관과 예루살렘에 울려 퍼져 열방을 향해 하나님의 영광을 나타내는 계획을 실천하는 것이다.

"지극히 높은 곳에서는 하나님께 영광이요
땅에서는 하나님이 기뻐하신 사람들 중에
평화로다 하니라"(눅 2:14)

그 눈물이 찬양이 되기까지

에필로그

나는 여전히 걷고 있다.

하나님의 부르심은 어느 날 갑자기 시작되었고,
나는 그 부르심에 순종하고는 길 위의 순례자가 되었다.

라오스의 고요한 마을에서, 인도의 혼잡한 거리에서,
케냐의 이글거리는 태양 아래서,
팔레스타인의 눈물 어린 땅과 이스라엘의 돌길을 걸으며,
나는 한결같이 하나님의 얼굴을 찾고,
그분의 마음을 느꼈다.

눈물은 많았지만 그 눈물은 약함의 표현이 아니라
하나님 앞에 무릎 꿇은 자의 예배였다.
주님은 늘 나보다 앞서 그 땅을 준비하고 계셨다.

그 눈물이 찬양이 되기까지

김라니 선교에세이

2025년 10월 20일 초판 발행

지 은 이 김라니
발 행 인 방경석
편 집 장 방지예
표   지 이규헌
교   정 임미경
제   작 SD SOFT
등   록 제 301-2009-172호(2009.9.11)
주   소 경기도 동두천시 정장로 43
전   화 010-3009-5738
발 행 처 미문커뮤니케이션

Printed in Korea
ISBN 979-11-992807-5-5 03230

가   격 22,000원

저자 김라니 목사 이메일
irispassion21@yahoo.com